Frederick Soddy

Mammon und die Menschheit

MONEY *versus* MAN

A STATEMENT OF THE WORLD PROBLEM FROM THE STANDPOINT OF THE NEW ECONOMICS

by

FREDERICK SODDY

M.A., F.R.S.

Dr. Lee's Professor of Chemistry, University of Oxford
Nobel Laureate in Chemistry, 1921

LONDON

ELKIN MATHEWS & MARROT

54 BLOOMSBURY STREET, W.C.

MDCCCCXXXI

Mammon und die Menschheit

Die Betrachtung einer weltweiten Frage aus Sicht der Neuen Ökonomik

von

Frederick Soddy

Magister Artium, Fellow der Royal Society
Dr. Lee's Professur für Chemie, Universität Oxford
Nobelpreisträger in Chemie, 1921

deutsche Fassung durch Philipp Christian Kapp
mit einer Erläuterung von Helmut Federmann

ISOTOPE
media

Deutsche Fassung aus dem englischen Original von MONEY VERSUS MAN, 1931 bei Elkin Mathews & Marrot, London. Die kursive Akzentuierung im Text und die Fußnoten wurden – wo nicht anders gekennzeichnet – aus dem Original übernommen.

ISOTOPE Media, Inh. Philipp Kapp
Erbacher Str. 51 • 64380 Roßdorf
isotopemedia.net

ISOTOPE Media ist eine eingetragene Wortmarke beim Deutschen Patent- und Markenamt (DPMA).

Autor und Verlag sind für Hinweise und Meinungen dankbar.
Bitte wenden Sie sich diesbezüglich an: verlag@isotopemedia.net

ISBN
Paperback 978-3-9822735-7-0

Lektorat, Korrektorat & Satz: ISOTOPE Media
Umschlaggestaltung: ISOTOPE Media unter Verwendung der Abbildung *The Fall of Icarus* von René Milot: renemilot.com
Druck & Vertrieb: tredition GmbH, Halenreie 40-44, 22359 Hamburg

Bibliografische Information der Deutschen Nationalbibliothek: Die Deutsche Nationalbibliothek verzeichnet dieses Werk in der Deutschen Nationalbibliografie; detaillierte bibliografische Daten sind im Internet abrufbar über http://dnb.d-nb.de

Inhalt

I	Die Neue Ökonomik	9
II	Geld, Vermögen und Schulden	21
III	Was ist das moderne Geld?	35
IV	Virtuelles Vermögen	53
V	Wie eine Nation wohlhabend gemacht werden kann	73
VI	Weitere Vorschläge	87
VII	Über die Weltwirtschaft	97
VIII	Praktische Maßnahmen	109
IX	Demokratie	129
Personenverzeichnis		145
Sachverzeichnis		145
Erläuterung	von Helmut Federmann	149

"CONSUMPTION absolute is the end, crown and perfection of production; and wise consumption is a far more difficult art than wise production.

Capital which produces nothing but capital is only root producing root; bulb issuing in bulb, never in tulip; seed issuing in seed never in bread. The Political Economy of Europe has hitherto devoted itself to the multiplication . . . of bulbs. It never saw nor conceived such a thing as a tulip.

This being the nature of capital it follows that there are two kinds of true production, always going on in an active State; one of seed and one of food; or production for the Ground, and for the Mouth; both of which are by covetous persons thought to be production only for the granary; whereas the function of the granary is but intermediate and conservative, fulfilled in distribution; else it ends in nothing but mildew and the nourishment of rats and worms.

The wealth of a nation is to be estimated only by what it consumes.

As consumption is the end and aim of production, so life is the end and aim of consumption.

THERE IS NO WEALTH BUT LIFE."

Unto this Last. John Ruskin. 1862.

„Der vollständige VERBRAUCH ist das Ziel, die Krönung und die Vollendung der Produktion; und kluger Verbrauch ist eine weit schwierigere Kunst als kluge Produktion.

Das Kapital, das nichts als Kapital produziert, ist nur Wurzel, die Wurzel erzeugt; Zwiebel, die zu Zwiebeln wird, niemals zur Tulpe; die Saat, die zur Saat wird, niemals zum Brot. Die politische Ökonomie Europas hat sich bisher der Vermehrung ... von Zwiebeln gewidmet. Sie hat niemals so etwas wie eine Tulpe gesehen oder ersonnen.

Da dies die Natur des Kapitals ist, folgt daraus, dass es zwei Arten wahrer Produktion gibt, die immer in einem aktiven Zustand ablaufen: Eine von Saatgut und eine von Nahrung; oder eine Produktion für den Boden und eine für den Mund; beide werden von begehrlichen Menschen nur als Produktion für den Kornspeicher angesehen; die konservierende Funktion des Kornspeichers ist aber nur eine zwischengeschaltete, die der Verteilung dient, sonst endet sie in nichts als Schimmel und als Nahrung für Ratten und Würmer.

Der Wohlstand einer Nation lässt sich nur an ihrem Verbrauch messen.

Wie der Konsum der Zweck und das Ziel der Produktion ist, so ist das Leben der Zweck und das Ziel des Konsums.

ES GIBT KEINEN GRÖßEREN WERT ALS DAS LEBEN."

DIESEM LETZTEN, John Ruskin, 1862

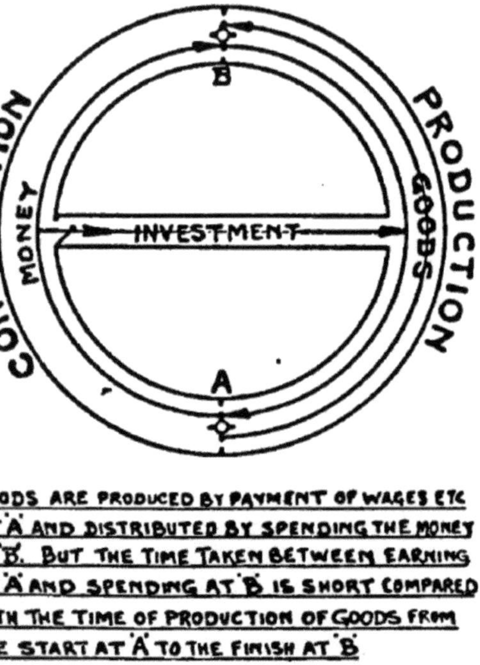

DIAGRAM OF THE ECONOMIC CYCLE

(See p. 64)

Anm. d. Übers.: Die Beschreibung des Diagramms befindet sich auf Seite 78.

I

Die Neue Ökonomik

Das Zeitalter, in dem wir leben, ist wissenschaftlich. Vier von fünf Menschen, die heute in diesem Land leben, verdanken ihre Existenz der Wissenschaft und würden verhungern, sollten sie in ihr früheres System zurückfallen. Die Gefahren, die der wissenschaftlichen Zivilisation drohen, werden immer drängender. Wenn diese Zivilisation überleben und triumphieren soll, erfordern ihre Probleme ein neuartiges und furchtloses wissenschaftliches Denken. Sie war zu lange der Gefahr ausgesetzt, Schiffbruch zu erleiden, der Macht überholter mittelalterlicher Ideen ausgeliefert.

Die Nutzung der unbelebten Kräfte aus Brennstoffen und Wasserfällen, um die Arbeit der Welt zu verrichten, hat das eiserne Gesetz der natürlichen Knappheit aufgehoben. Länger schon ist die Armut in diesem Land ein rein künstlicher Zustand, den zu erzwingen immer gefährlicher wird. Die Triebwerke der modernen Produktion sind so kraftvoll, dass die dafür Verantwortlichen Angst vor ihnen und ihrer Allmacht bekommen, sobald diese erst einmal in Bewegung gesetzt werden.

Anstatt die Kupplung zu betätigen und die Maschinerie die Arbeit der Welt tun zu lassen, von der es zweifellos eine Menge gibt, die danach schreit, getan zu werden, würgen sie angsterfüllt den Kraftstoff oder die Zündung ab. Um den Stillstand zu verhindern und die Räder wieder in Gang zu bringen, vertieft sich die Welt in fieberhafte Bemühungen und läuft Gefahr, gänzlich zu vergessen, wofür die produktive Tätigkeit gedacht ist – jedenfalls in Friedenszeiten.

Aus der Sicht der bisherigen Weltenlenker ist die Furcht vor dem, was die Wissenschaft in der Welt anrichten wird, nur allzu berechtigt. Denn ihre Art von Welt und die Welt der Wissenschaft können nicht nebeneinander existieren. In den vergangenen Zeitaltern, in denen Knappheit zum ökonomischen Lebensgesetz erklärt wurde, beruhte die Zivilisation notwendigerweise auf einer Art von Sklaverei, wie auch immer sie abgemildert oder verschleiert wurde. In einem Zeitalter des Überflusses, falls es jemals dazu kommen sollte, würde diese Sklaverei von den Menschen auf die Maschinen übertragen werden. Sich dagegen zu wehren, hieße, die Menschen zu Sklaven der Maschinen und die Welt zu deren Spielball zu machen.

Es genügt ein kurzes Nachdenken, um zu erkennen, dass ein Zustand des allgemeinen Überflusses etwas ganz anderes sein muss als das, was wohlhabende Menschen heute als Wohlstand betrachten. Es bedarf weitaus mehr, als nur eines kurzen Gedankens, um sich ein Bild davon zu machen, was dies bedeuten würde. Doch je länger man diese Möglichkeiten in Betracht zieht, desto deutlicher muss werden, dass in einer solchen Welt *nichts* unverändert bleiben kann. Darin liegt des Rätsels Lösung. Und es erklärt zugleich die vordergründig dumme und mutwillige

Weigerung der Nationen, die guten Gaben der Wissenschaft für den friedlichen Aufbau zu nutzen. Stattdessen wird entschieden und zielstrebig die Kupplung freigegeben und die Gashebel voll für die Zerstörung geöffnet.

In der beunruhigenden und neuartigen Welt, in der wir jetzt leben, ist es offensichtlich wenig sinnvoll, sie nach ihrer alten Einschätzung zu bewerten. Man ist mehr und mehr gezwungen, sie als neues Phänomen zu begreifen. Zweifellos haben Dichter und Vordenker die wesentliche Einheit der Lebensbereiche von Mensch, Tier und Pflanze mit dem der unbelebten Natur seit jeher in einem mystischen und allegorischen Sinn erkannt – den Kreislauf von Sonnenschein und Wasserfall, Feuer und Sturm in unaufhörlicher Veränderung befindlich. Diese Vorstellungen haben sich bewahrheitet. In zunehmendem Maße wird die lebendige Welt als Lebensgrundlage umgangen. Mehr und mehr Menschen greifen bewusst für ihre Lebenserhaltung auf die Fülle der unbelebten Kräfte der Natur zu und werden so in die Lage versetzt, Arbeiten durchzuführen, die früher jenseits der Möglichkeiten des Lebens in jeglicher Form lagen.

Indem der Mensch auf diese Weise das Problem seiner Bedürfnisbefriedigung löst, wird ihm zum ersten Mal bewusst, was Wohlstand in Wirklichkeit ist. Wie sehr unterscheidet sich doch diese Wirklichkeit von dem Geschwafel längst verstaubter Zeitalter, von den tölpelhaften Betrachtungen über das Zusammenspiel menschlicher Bedürftigkeit und Gier, die in diesen Tagen der künstlichen Armut und der tatsächlichen Überfülle immer noch als Wissenschaft des Wohlstandes durchgehen! Die „Neue Ökonomik" ist eine Wissenschaft des Wohlstands, während die alte eher eine Wissenschaft des Mangels darstellt.

Die Bedürfnisse der Menschen sind so vielfältig und komplex wie das Netzwerk aus Rohrleitungen und Kabeln und alle damit verbundenen Geräte, welche das Gas-, Wasser- und Stromnetz der modernen Welt bilden. Aber wie diese haben sie eine übereinstimmende Sinnhaftigkeit: Ihr Zweck ist es, Energie und Materialien von dort, wo sie gewonnen werden, dorthin zu lenken, wo sie benötigt werden, und sie in diejenige Beschaffenheit und Art umzuwandeln, um Arbeiten zu erledigen, Dienstleistungen zu erbringen und die Dinge herzustellen, die für das Leben der Gemeinschaft erforderlich sind. Alle Bedürfnisse des Menschen werden letztlich durch die Umwandlung oder den Verbrauch der verfügbaren Energie befriedigt. Indem die Wissenschaft die Kräfte der Natur nutzbar macht, bietet sie dem Menschen die Freiheit. Dieses Geschenk wird vehement und fanatisch abgelehnt, doch als Alternative bleibt nur das Chaos.

Dieses Buch wird in der Überzeugung geschrieben, dass wirtschaftliche Auskömmlichkeit die wesentliche Grundlage für jede nationale Größe und jeden Fortschritt ist. Diese Überzeugung wird in zunehmendem Maße von denjenigen vertreten, die die Auswirkungen des Mangels aus eigener Erfahrung kennen. Die Eugeniker[1], sofern sie dies ignorieren, vernachlässigen einen der grundlegenden Faktoren ihres Gegenstandes. Immer wieder scheinen sie sich zu oberflächlichen Menschen zu gesellen, die den Wohlstand verachten, obschon sie doch selbst gut versorgt sind und dessen Auswirkungen auf andere fürchten. Das Verbrechen unserer Zeit liegt nicht in der bloßen Verschwendung, ja schlimmer noch, der Verschwendung des Wohlstands, sondern der Gelegenheit, die er bietet, eine edlere und menschlichere Zivilisation aufzubauen, als dies in einer vom Mangel beherrschen und durch ihn begrenzen Welt möglich war.

Keine Entdeckung in der Geschichte hat das Gefüge der menschlichen Gesellschaft und die Art der sozialen Beziehungen so schnell und grundlegend verändert, wie die Ersetzung der tierischen Arbeitskraft in der Produktion durch die unbelebten Kräfte der Natur. Auf den ersten Blick könnte man meinen, dass ein so großer Segen nur Gutes bewirken kann. Das Ziel, auf das die Menschen seit den Anfängen der Zivilisation beharrlich hingearbeitet haben, nämlich die Erleichterung der mit dem Leben verbundenen Arbeit, wurde so auf fast wundersame Weise mit einem Schlag erreicht.

Die tatsächlichen Ergebnisse hingegen waren bisher in vielerlei Hinsicht katastrophal. Einem großen

---

[1] A.d.Ü.: Dies ist als Hinweis zu verstehen, wie sehr Soddy sich zu diesem Zeitpunkt bereits aus den sozialistischen Strömungen der Fabian Society gelöst und deren eugenisches Gedankengut hinterfragte – vergleiche hierzu auch Seite 133.

und zunehmenden Teil der Beschäftigten in allen Industriestaaten wird durch die Entwicklung der neuen wissenschaftlichen Methoden die Lebensgrundlage und damit das Recht auf Konsum entzogen. Diese werden erklärtermaßen und absichtlich zum Zweck eingeführt, Arbeit zu sparen, und dies gelingt auch. Könnte irgendein Ergebnis natürlicher oder eher zu erwarten sein? Doch das Problem der Arbeitslosigkeit wird gewöhnlich nicht so direkt und unverblümt dargelegt! Bei der Ursachenforschung ähnelt die Welt nichts so sehr wie einem Ameisennest, auf das man sich gesetzt hat.

Bislang wurde die Ansicht vertreten, dass diese Gründe nur von vorübergehender Art sein würden, da jene durch arbeitssparende Maschinen verdrängten Arbeitskräfte rasch eine neue Beschäftigung in der Entfaltung des für weitere Erfindungen und neuer, arbeitssparender Verfahren erforderlichen Kapitals fänden. Doch wie Ruskin schon vor nahezu einem Jahrhundert feststellte, ist dies genau so, als würde man eine Ernte immer wieder neu aussäen – »Samen, der zu Samen wird, niemals zu Brot« –, um mit Zinseszins wachsende Ernten zu erzielen und darüber den einzigen Zweck und das Ziel von Anbau und Ernte völlig zu vergessen: Arbeitssparende Methoden schaffen Freizeit. Nur in der Anfangsphase können die verdrängten Arbeitskräfte eine Tätigkeit finden, um das für die Entwicklung neuer Unternehmungen erforderliche Kapital zu schaffen, denn wenn diese Betriebe ihre Tätigkeit aufnehmen, werden noch mehr Arbeitskräfte verdrängt und der Effekt wirkt sich kumulativ aus, wie die Ereignisse zeigen.

Es sollte auf der Hand liegen, ist aber tatsächlich erst in letzter Zeit erkannt worden, dass in dem Maße, in dem die Menschen ihre Arbeit verlieren und jene Waren, zu deren Herstellung sie nicht mehr benötigt werden, nicht mehr kaufen können, der Binnenmarkt ständig schrumpfen muss. Während die Produktionskapazität steigt, schrumpft die Nachfrage. Es genügt nicht, dass die Menschen genau jene Dinge so dringend benötigen, die nicht verkauft werden können. Es muss eine „effektive Nachfrage" geben, d. h. eine Nachfrage, die durch Zahlungsfähigkeit gedeckt ist. Diejenigen, deren Einkommen durch den Verlust des Arbeitsplatzes schwindet, verlieren ihre Zahlungsfähigkeit.

In der nun zu Ende gehenden Epoche gelangten die Konsumtionsrechte mehr und mehr in die Hände derjenigen, welche die neuen Einrichtungen der Vermögensproduktion besaßen und deren tatsächlicher Bedarf zu konsumieren vollständig befriedigt werden konnte. Aus dieser Position streben sie danach, ihr Anrecht auf Konsum in die Zukunft zu verschieben, um ihre Gewinne zu verleihen und neue Schuldverhältnisse gegenüber der Gemeinschaft erzeugen zu können. Auf diese Weise wird versucht, ohne einen weiteren Beitrag zu deren Erwirtschaftung zu leisten, sich ein dauerhaftes Pfandrecht an den künftigen Einnahmen der ökonomischen Gemeinschaft zu sichern.

Seit vielen Jahren ist das Problem der Wohlstandsmehrung im Wesentlichen gelöst. Es gibt keinerlei Schwierigkeiten, Vermögenswerte entsprechend dem nationalen Bedarf und der nationalen Nachfrage herzustellen oder im Barterhandel[2] mit dem Ausland in dort günstiger produzierte Waren einzutauschen. Überall herrscht ein Überfluss an Vermögenswerten, ein intensiver Wettbewerb um die Märkte und die Umstände, die in Friedenszeiten zu einer Blockierung des ökonomischen Systems und zu immer höherer Arbeitslosigkeit unter den Arbeitern führen, führen auch zu periodischen Weltkriegen und werden dies auch weiterhin tun. Diese Kriege sind in ihrem Ursprung und in ihren Folgen das genaue Gegenteil der Kriege, die in der früheren Geschichte ausgefochten wurden. Da die Wissenschaft jedoch die Zerstörungskraft des Menschen immer weiter steigert, werden diese Kriege mit der völligen Zerstörung der gesamten wissenschaftlichen Zivilisation enden, sollte man dies nicht zu verhindern wissen.

Das ungelöste Problem, für das rasch eine Lösung gefunden werden muss, wenn die Zivilisation bewahrt werden soll, ist das Verteilungsproblem der Einkommen und der Vermögenswerte, welche jetzt durch die wissenschaftlichen Erkenntnisse so reichhaltig geschaffen werden können; nicht für weitere Steigerung der Produktionskapazität in der Zukunft, sondern für

---

[2] A.d.Ü.: Barter ist eine Form des Kompensationsgeschäfts, bei dem unter den Marktpartnern gleichwertige Warenlieferungen ohne Geldzahlungen erfolgen (Naturaltausch, Warentauschgeschäfte).

den Konsum und die Befriedigung der wirtschaftlichen Bedürfnisse der Individuen, die die Gemeinschaft bilden. Die Arbeiter in der Industrie und der Landwirtschaft sind, wie die Statistiken der Gesundheits- und Armenbehörden des letzten Jahrhunderts zeigen, durch ihre ökonomische Lebenslage körperlich zermürbt worden. Die während des Krieges erhobenen Militärstatistiken bestätigten diese Schlussfolgerung, und der Krieg selbst hat durch den Kontrast zur überlegenen Ausdauer und körperlichen Verfassung der überseeischen Kontingente gezeigt, dass unser Volk in einem gefährlich hohen Maße an tatsächlicher Unterernährung und wirtschaftlicher Unzulänglichkeit leidet!

Ohne die auf die Vermögensbesitzer erhobene enteignende Steuer würden die Arbeitslosen verhungern. So aber leben sie nur halb. Sie konsumieren immer weniger aus einer durch Erwerbseinkommen entstandenen Berechtigung heraus und immer mehr aus reiner Wohltätigkeit. Die Unsicherheit des Lebensunterhalts untergräbt ihre Selbständigkeit und Moral, während die Armut ihre Gesundheit und die ihrer Kinder untergräbt. Das unterdrückte Zehntel des neunzehnten Jahrhunderts wird immer größer. Auch wenn die Gesetzgebung zur Verbesserung der Situation die tatsächliche Intensität des individuellen Leids verringert hat, nimmt der Anteil der Betroffenen zu. Dies geschieht in einem Zeitalter, in dem die Wissenschaft die materiellen Beweggründe der Armut bereits abgeschafft hat. Die Armut der Massen begleitet und steigert wie eh und je den relativen

Reichtum der Wenigen. Dies ist kein nationaler Wohlstand, sondern das Gegenteil. Es ist nur zu deutlich ein Zeichen für den nationalen Niedergang und Verfall.

Es ist immer lehrreich, zunächst das Geld als bloßen Zwischenfaktor ganz aus einer wirtschaftlichen Frage zu eliminieren und das Problem nur unter seinen eigentlichen Aspekten neu zu betrachten. Wenn wir dies heutzutage tun, werden wir zu der Schlussfolgerung gezwungen sein, dass es in der Demokratie überhaupt keine effektive Regierung gibt. Denn wir haben auf der einen Seite Erfindungen und technisches Können auf einem Niveau, von dem man in früheren Zeiten nicht einmal zu träumen wagte: Eine Anhäufung von Industrieanlagen und Maschinen, die mit den leistungsfähigsten und zeitsparendsten Methoden der Produktion ausgestattet sind, und ein hochqualifiziertes Heer von Arbeitern aller Berufe, zusammen mit reichhaltigeren Rohstoffvorkommen, effizienteren Transport- und Kommunikationsmitteln mehr als jemals zuvor in der Weltgeschichte. Alles ist weitgehend untätig und im Verfall begriffen, sowohl Menschen als auch Maschinen, weil der Verteilungsmechanismus versagt.

Für jeden, der jemals auch nur ein wenig unter den äußeren Schein gedrungen ist und die elementaren Prinzipien, die der Befriedigung wirtschaftlicher Bedürfnisse zugrunde liegen, verstehen kann, ist ein Volk, in dem unfreiwillige Arbeitslosigkeit, sowohl von Menschen als auch von Maschinen, zusammen mit akuter und chronischer Armut und Not existiert, in keiner Weise eine Nation oder eine Gemeinschaft, sondern eine Anarchie. Seine scheinbare Regierung ist nicht seine wirkliche Regierung. In den lebensnotwendigsten Angelegenheiten ihres Wirtschaftslebens ist sie führungslos, ohnmächtig und dem Untergang geweiht.

II

Geld, Vermögen und Schulden

Auch bei voller Berücksichtigung aller gesellschaftlichen Erneuerungen, die mit der Mechanisierung der Produktion[3] zwangsläufig einhergehen mussten, hätten die unmittelbaren Folgen für die große Masse der Arbeiter nicht so schädlich und katastrophal sein können, wie sie sich erwiesen haben, wenn nicht das Geldsystem, das bis dahin ausreichte, um mit dem alten Maßstab der Produktion fertig zu werden, völlig versagt hätte.

Der Verteilungsmechanismus einer individualistischen Gemeinschaft ist ihr Geldsystem. Geld verteilt den Vermögensertrag der Gemeinschaft auf deren Individuen. Kein Mensch ist heute in der Lage, alles, was er privat oder beruflich verbraucht oder nutzt, selbst herzustellen. Nur auf der einfachsten und primitivsten Stufe ist ein solcher Zustand überhaupt denkbar. Daher ist eine Form von Geldsystem oder ein gleichwertiger Verteilungsmechanismus die erste Stufe in der Entwicklung der Gesellschaft aus dem primitiven Zustand. Die Vermögensproduktion erfolgt zunehmend gemeinschaftlich, aber der Konsum

---

[3] A.d.Ü.: Man bedenke an dieser Stelle, dass jede Einführung einer neuen Technik im Arbeitsprozess eine wiederum drastisch gesteigerte Form der Arbeitsteilung in der Produktion bedingt!

und die Nutzung des Vermögens bleiben individuell. Es gibt keinen anderen Endzweck als den individuellen Konsum und die Verwendung in der Produktion. Die Rückführung von Vermögenswerten in das Wirtschaftssystem (Investition) zur Steigerung der Produktion ist nur als Zwischenschritt zur weiteren Steigerung des Konsums sinnvoll.

Die besten Kenner der Materie sind sich dessen bewusst, dass das Geld, so unentbehrlich es auch ist, tückische Gefahren für das Leben der Gesellschaften mit sich bringt, die, wie jetzt, dazu führen können, dass der eigentliche Zweck seiner Existenz zunichte gemacht wird. Das Geld ist nach wie vor die Achillesferse sowohl der antiken wie auch der modernen Zivilisation. Das vergangene Jahrhundert war Zeuge einer praktisch vollständigen Umkehrung des Charakters des Geldsystems in diesem Land: Von einem öffentlichen System mit einem von der höchsten Staatsgewalt emittierten Geld, um die Verteilung und den Austausch von Vermögenswerten zu ermöglichen, zu einem privaten System mit einem Geld oder seinem genauen Äquivalent, das von Privatpersonen emittiert und von diesen geschaffen wurde, um es gegen Zinsen zu verleihen.

Diese Neuerungen sind im Verborgenen und ohne jegliche nationale Sanktion entstanden. Allein, seit dem Krieg ist es nicht mehr möglich, ihren wahren Charakter zu verbergen oder die offene Bedrohung zu übersehen, die sie für alle ordnungsgemäßen Gesetze und Behörden darstellen. Die Prinzipien, die das gegenwärtige Geldsystem dieses Landes lenken, stehen in diametralem Gegensatz zu den üblichen Grundsätzen der Gerechtigkeit und Ausgewogenheit, denen jedes öffentliche Geldsystem entsprochen hat. Sie unterscheiden sich von den Grundsätzen des schlechten oder gefälschten Geldes, wie man es gemeinhin versteht, nur durch das enorme Ausmaß und die Willkürlichkeit des privat ausgegebenen Geldes.

Heute sind über 97 % des gesamten Geldes, das die Bürger der Nation besitzen, privat emittiert, und der weitaus größte Teil davon hat keinerlei greifbare Existenz. Es handelt sich um eine Güterschuld, welche die Nation den Individuen, die das Geld besitzen, schuldet und welche gesetzlich einklagbar ist. Es wurde ohne die Sanktion irgendeiner nationalen Autorität stillschweigend zu Lasten der Nation durch Methoden hinzugefügt, die dem Kunstgriff eines Zauberers ähneln. Während einer Inflation, wie sie am Ende des Krieges stattfand, werden auf diese Weise Hunderte von Millionen Pfund auf Kosten aller anderen Geldbesitzer an jeden ausgegeben, der seine Fähigkeit zur Rückzahlung nachweist und bereit ist, Zinsen für das angebliche Darlehen zu entrichten. Während der Deflation, wie auch jetzt, werden die Adern der Nation in bewusster Absicht ausgesaugt, um ebenso große Geldmengen zu vernichten. Im Lichte heutiger Erkenntnisse und Erfahrungen erscheint das System als Hochverrat an der Nation, als ein monströses Krebsgeschwür, das in ihr Herz eindringt und das Gute, das man vernünftigerweise von der Lösung des Problems der Vermögensproduktion hätte erwarten können, zum Bösen wendet.

Dies ist nach der Analyse des Autors die unmittelbare Ursache für den wirtschaftlichen Stillstand. Aber da die Gründe künstlich, unnötig und unsozial sind, eine reine Zumutung auf Kosten der Arglosigkeit der Gemeinschaft, sind sie behebbar. Es gibt aber wesentlich tiefgreifendere und beständigere Gründe als das Geldsystem. Der Irrtum, welcher das ganze Zeitalter durchdringt, ist die Unkenntnis der wirklichen Natur des Vermögens und die herrschende Passion, es als etwas zu behandeln, das man gegen Zinsen verleihen könne, anstatt es zu nutzen und zu verbrauchen. Dies ist der wirkliche Gegensatz zwischen der Vorstellung von universellem Wohlstand und einem relativem Reichtum, zwischen dem Wohlstand der Nationen und dem des Einzelnen, der dem friedlichen Triumph des wissenschaftlichen Zeitalters entgegensteht und es zu verhindern vermag. Wir haben es hier mit dem ältesten ungelösten Problem der Geschichte zu tun, dem Fluch des Reichtums, und die Neue Ökonomik macht dies klar und deutlich. Aber die menschliche Natur ist so, wie sie eben ist, und daher ist es fraglich, ob das Problem gelöst werden kann, bevor der nächste und größere Krieg die wissenschaftliche Zivilisation beendet.

Es ist nicht nur das Paradoxon unserer Zeit, dass Armut mit Reichtum einhergeht, wie Ruskin es ausdrückt, wie der Nordpol eines Magneten mit seinem Südpol. Marx hat eine Reihe bemerkenswerter Zitate von Schriftstellern des achtzehnten und frühen neunzehnten Jahrhunderts gesammelt, die es wert sind, studiert zu werden.* Giammaria Ortes, der venezianische Mönch des 18. Jahrhunderts, der »in dem verhängnisvollen Schicksal, welches ewiges Leiden verursacht, die Daseinsberechtigung der christlichen Nächstenliebe, des Zölibats, der Klöster und der heiligen Häuser« erblickte, sagte: »Der große Reichtum einiger weniger geht immer mit der völligen Entbehrung des Lebensnotwendigen bei vielen anderen einher. Der Wohlstand einer Nation entspricht ihrer Bevölkerungszahl und ihr Elend geht einher mit ihrem Reichtum. Der Fleiß der einen erzwingt den Müßiggang der anderen. Die Armen und Faulen sind eine notwendige Folge der Reichen und Tatkräftigen«. Destutt de Tracy sagte das gleiche mit weniger Worten: »In armen Nationen ist das Volk zufrieden, in reichen Nationen ist es im Allgemeinen arm.« Wieder andere vertraten die Ansicht, dass die Armut notwendig sei, um die härtesten und brutalsten Arbeiten verrichten zu lassen und so andere von der Schufterei zu befreien, und dass umgekehrt der Wohlstand den Menschen nicht zur Arbeit befähigte. Sismondi hat diesen Aspekt treffend formuliert: »Dank des Fortschritts von Industrie und Wissenschaft kann jeder Arbeiter jeden Tag viel mehr produzieren, als sein Verbrauch erfordert. Aber gleichzeitig, während seine Arbeit Vermögenswerte hervorbringt, würde dieser Reichtum, wenn er ihn selbst verbrauchen müsste, ihn weniger arbeitsfähig machen. Heute ist die Anstrengung von ihrer

---

* Karl Marx, CAPITAL, Vol. I, p. 662-664, Wm. Glaisher Ltd., 1920

Belohnung getrennt; es ist nicht derselbe Arbeiter, der zuerst tätig ist und sich dann ausruht, sondern weil der eine arbeitet, ruht sich der andere aus.«

Nehmen wir einmal aus Gründen der Beweisführung an, das Problem der Vermögensverteilung sei durch ein wissenschaftliches Geldsystem ebenso gelöst, wie das Problem der Vermögensherstellung, sodass kein Mangel an einer ausreichenden Menge der lebensnotwendigen Güter und Annehmlichkeiten besteht. Eine solche Gemeinschaft wäre im wahrsten Sinne des Wortes wohlhabend. Aber keine wäre reich im verhältnismäßigen Wortsinn, welcher heute der einzig gebräuchliche Begriff unter den Menschen ist. Die Arbeitswelt muss als öffentlicher und gewerblicher Dienst eingerichtet werden, denn dann wäre niemand in der Lage, das Elend der Armen auszunutzen, um sich deren Arbeitskraft zu Diensten zu machen und zu seiner eigenen Vorteilsnahme zu gebrauchen. Wie Ruskin betonte, ist dies eine Folge sowohl der Armut der Vielen als auch des Reichtums der Wenigen. Für ihn, wie auch für alle anderen, war es eine Vermögensfrage, aber für die Neue Ökonomik steht hier nicht das Vermögen, sondern eine Schuld im Vordergrund.

Zwischen dem Wohlstand der Nationen und dem Reichtum des Einzelnen besteht ein klarer Gegensatz. Ein Zeitalter des allseitigen Überflusses kündigt daher eine völlig neue Art von Zivilisation an, die mit der alten nicht koexistieren kann. Anstatt dass die Zivilisation gezwungen ist, sich gegen das Gesetz der Knappheit zu behaupten und sich daran weiterzuentwickeln, zögert man Armut und Mangel hinaus, um die ursprüngliche Art der Zivilisation zu erhalten. Mit Peitsche und Sporen, Trense und Zügeln wird das Fahrzeug gelenkt, das sich von einer Postkutsche zu einem Automobil entwickelt hat. Es müssen sowohl die Antriebssteuerung als auch die Antriebskraft gänzlich verändert werden, um einer Katastrophe zu entgehen.

Nun ist es wohl eine Sache, wenn die Wissenschaft einige Menschen verhältnismäßig viel reicher macht als andere, und schon eine ganz andere, wenn sie sich auf so tückische Weise und ohne Vorwarnung anschickt, die bestehende Ordnung der menschlichen Gesellschaften zu untergraben, sodass alle dem überzeugenden Einfluss des Mangels entzogen werden können. Es gibt viele weder unbedeutende noch übermäßig skrupellose Menschen, wenn nicht sogar die Mehrheit unter den bedeutendsten und erfolgreichsten Menschen unserer Gesellschaft, die sich wahrscheinlich ganz unzweideutig gegen jedwede Zivilisation aussprechen würden, als für eine für sie so durch und durch uninteressante und verwerfliche Lebensart. Einige haben die Gefahr bereits gewittert. Früher waren es nur die echten Künstler und Ästheten, die ziemlich einflusslos über die zunehmende Mechanisierung der Zeit schimpften. Aber wenn die Wissenschaft, indem sie die Armen reicher und die Reichen relativ ärmer macht, das Blatt wendet, wird die Bewegung, welche die Maschinen abschaffen und lieber wieder zu Hand- und Hilfsarbeiten zurückkehren möchte, wahrscheinlich einige sehr unerwartete und einflussreiche Rekruten bekommen.

Aber es gibt kein Zurück mehr. Wenn die Mehrheit nicht verhungern soll, muss unsere Welt die Zivilisation, der sie sich verschrieben hat, zum Erfolg führen. Der Vergangenheit verleiht ein wenig Abstand einen gewissen Zauber. So hässlich unsere Gegenwart sein mag, ist sie doch sicher nicht ganz so hässlich, wie die tatsächliche Vergangenheit, die sie zu imitieren versucht. Die Zukunft aber birgt Hoffnungen, von denen bisher nur Visionäre und Dichter träumen durften, falls der Mensch sich von den Mustern der Vergangenheit lösen und die Zukunft neu aufbauen könnte. Der erste Schritt in diese Richtung ist eine Wirtschaftslehre auf Grundlage der Naturwissenschaften. Aber dazu muss zunächst eine wirkliche nationale und internationale Lehre der Ökonomie errichtet werden, mit der die Welt für den Wohlstand bereit gemacht werden kann.

Immer seltener bedeutet der wirkliche Besitz von Gütern Reichtum. Mehr und mehr leitet sich individueller Wohlstand nicht vom Besitz ab, sondern aus dem Verleih oder dem Verleihen lassen. Die Reichen von heute sind nicht reich im Sinne der alten Hirtenpatriarchen, der mittelalterlichen Feudalbarone oder gar der alten Landaristokratie, denn sie verfügen nicht über Vermögen, sondern über Verbindlichkeiten[4]. Hier besteht ein realer Konflikt zwischen den

[4] A.d.Ü.: Sie „besitzen“ in ihrer Rolle als Gläubiger die Forderungen ihrer Schuldner, Soddy schreibt: „(...) *they do not own wealth but debts.*“

Naturgesetzen und den physischen Notwendigkeiten, abgesehen von der Habgier und dem Ehrgeiz der Menschen, der von den hebräischen Propheten vielleicht besser erkannt wurde, als von den modernen Ökonomen.

Vermögensgegenstände verfallen, aber Schulden, die einen Rechtsanspruch auf künftiges Vermögen darstellen, scheinen ein Mittel zu sein, der Natur zu entkommen. Ein Individuum könnte nicht einmal den notwendigen Besitz anhäufen, um für seine Altersjahre aufzukommen oder eine Familie zu gründen, denn dieser würde währenddessen verrotten. Der Mensch ist beinahe gezwungen, Mittel und Wege zu finden, eine Rückzahlung zu einem späteren Zeitpunkt zu vereinbaren und muss andere seine Ersparnisse ausgeben lassen, in der Hoffnung, dass er später an der Ernte dessen teilhaben kann, was sie gesät haben. Aber es gibt, wie die Menschen allmählich herausfinden, eine ganz bestimmte Grenze für das mögliche Ausmaß, in dem dies getan werden kann.

Es mag ihm tröstlich erscheinen, dass sein Vermögen noch irgendwo in irgendeiner Form als „Kapital“ existiert, aber in Wirklichkeit wurde es von denen verbraucht, denen es geliehen wurde und die neues Kapital geschaffen haben – und Vermögen kann ebenso wenig wie Nahrung oder Brennstoff ein zweites Mal tatsächlich verbraucht werden.

Das Kapital existiert und kann lange bestehen bleiben, je nach der Geschwindigkeit, mit der es an Wert verliert oder veraltet. Aber der Gläubiger würde es nur selten zur Begleichung seiner Schuld zurücknehmen, aus dem hinreichenden Grund, dass es im Allgemeinen für ihn völlig nutzlos wäre. Er muss frische Vermögenswerte erhalten, nicht das Ergebnis von verbrauchtem Besitz, um zu leben – und wie hungrig er auch sein mag, kein Mensch kann einen Pflugschar essen.

Der tatsächliche Besitz von Vermögensgegenständen ist für Privatpersonen jenseits einer bestimmten Höchstgrenze eine Belastung und eine Quelle von Kosten und Sorgen und stellt nur selten ein Mittel zur Sicherung des Lebensunterhalts dar. Sie begehren nicht Vermögen, sondern Schuldverschreibungen, die nicht verrotten, deren Unterhalt nicht teuer ist und die immerwährende Zinsen einbringen. Individuelles Vermögen nimmt immer mehr den Charakter von Rechtsinstrumenten und Vereinbarungen an – wie Geld, staatliche Schuldscheindarlehen, Kredite und Investitionen in die Industrie – welche sowohl die Verteilung der Staatseinnahmen regeln, als auch unter den Einzelpersonen. Man muss notwendiger Weise am Anfang und nicht am Ende ansetzen, um den Wohlstand der Nationen, im Gegensatz zu dem von Einzelpersonen, zu untersuchen.

Was das ursprüngliche Vermögen darstellte, kann zum Zeitpunkt der Schuldenaufnahme völlig vertilgt worden sein, wie es bei der Staatsverschuldung der Fall ist. Es kann auch überhaupt nie existiert haben, wie es beim Papier- und beim nicht existierenden Geld der Fall ist. Oder sein Verbrauch kann, wie es beim Industriekapital der Fall ist, etwas hinterlassen haben, das rein intermediären Nutzen in der Schaffung von neuen Vermögenswerten hat, aber nahezu oder vollkommen nutzlos ist, wenn die Wertschöpfung ausbleibt, die es ermöglicht, sei es, dass es sich abnutzt, dass es veraltet, oder sei es, dass die Menschen das Produkt nicht kaufen wollen oder können.

Die älteren Eigentumsformen, wie Grund und Boden und Gebäude, deren Besitz die Hauptform des individuellen Vermögens in einer landwirtschaftlichen im Unterschied zu einer industrialisierten Gesellschaft darstellen, sind im Vergleich dazu eher allgemein und dauerhaft nutzbare Ergebnisse des bei ihrer Erschließung und Erschaffung aufgewendeten Vermögens. Aber auch diese werden heute immer weniger von ihren Eigentümern bewirtschaftet und immer mehr an Pächter vermietet oder verliehen. Sie liefern kuriose Beispiele für die Verwirrungen dieses Zeitalters des Übergangs.

Beispielsweise werden Personen, die Eigentümer der von ihnen bewohnten Häuser sind, gesetzlich so behandelt, als würden sie diese Häuser an sich selbst verleihen oder vermieten, und sind verpflichtet, auf die Miete, die sie erhalten würden, Einkommenssteuer zu zahlen, genauso als hätten sie diese einem Mieter überlassen. Mit der Zunahme der Staatsverschuldung und der Ausweitung des Mietkaufsystems – beides übrigens bewundernswerte Beispiele für die Ergebnisse der herrschenden Leidenschaft, Vermögen in Schulden umzuwandeln, um daraus ein Einkommen zu erzielen – können wir in naher Zukunft getrost erwarten, dass die Finanzbeamten die gleiche Logik auf das Mobiliar anwenden werden, wie sie jetzt auf das Haus angewendet wird. Und der Eigentümer eines Hauses wird auf jene Miete besteuert, als ob er das Haus möbliert vermieten würde, anstatt unmöbliert.

Bevor sie sich jedoch so sehr bemühen müssen, ihre aufgeblähten Haushalte auszugleichen, ist zu hoffen, dass sie mit Hilfe der Studien, die Gegenstand dieses Buches sind, in die Lage versetzt werden, etwas Wesentlicheres in die Gegenrichtung zu tun. Wie in einem späteren Kapitel gezeigt wird, könnten sofort einhundert Millionen pro Jahr von der nationalen Besteuerung abgezogen werden, indem ein kleiner Fehler in der Buchhaltung korrigiert wird, der in der allgemeinen Verwirrung dieser Übergangszeit vielleicht normal erscheint, aber hoffentlich künftig jederzeit behebbar sein wird.

Und damit wird klar werden, dass der weitaus größte Teil dessen, was die moderne Welt als Vermögen betrachtet und was für den Einzelnen eine ständige Vermögensquelle darstellt, gar kein Vermögen ist, sondern eine Folge des Verleihens von Vermögenswerten und in Wirklichkeit eine Form von Staats- oder Kommunalverschuldung bedeutet.

Der intensive Wettbewerb um ausländische oder überseeische Märkte in Friedenszeiten wurde durch das Austrocknen des Inlandsmarktes aufgrund des Kaufkraftverlustes der Arbeitslosen noch verschärft. Dies ist nicht auf die altruistische oder missionarische Geisteshaltung der Industrienationen zurückzuführen, die ihren Überfluss zur Bereicherung der neueren und weniger industrialisierten Nationen abladen wollten, sondern liegt an der Notwendigkeit, neue Schuldner mit guten Aussichten auf Zinszahlungen zu finden, denen sie ihr Vermögen leihen können. Die Aussicht und Befähigung der Menschen diesbezüglich nehmen zu Hause im Laufe der Zeit stetig ab.

Die modernen Kriege, die zwischen den Industrienationen ausbrechen, haben eine genau entsprechende Erklärung. In diesem Fall tragen die kriegführenden Nationen und nicht die Einzelpersonen die Schulden auf ihren Schultern. Die überbordenden Vermögen, die in Friedenszeiten nicht gewinnbringend gehandelt werden können, werden nun in dem Maße geschuldet, wie sie von den Nationen als solche produziert werden. Zusammen mit der Blüte der Manneskraft des Landes werden sie so rasch wie möglich zerstört, wie es nur die allerstärksten modernen Maschinen der Zerstörung erlauben.

Die Toten kehren nicht zurück, aber das zerstörte Vermögen wirft seinen verderblichen Körper ab und nimmt einen unverderblichen an. Noch besser als das Vermögen des Einzelnen sind die Staatsschulden eine dauerhafte Vermögensquelle, die dem Lauf der Zeit und dem Schaden durch Ratten und Würmer trotzt.

Es bedarf keiner sehr tiefgreifenden Analyse, um zu dem Schluss zu kommen, dass die wichtigste ökonomische Folge des modernen Krieges – die Erhöhung der Staatsverschuldung – seine Ursache ist. Wohlstand und Reichtum haben die Menschen nur in Geizhälse verwandelt, die zwar verleihen, aber nichts ausgeben wollen. Das beschämende Schauspiel unseres Zeitalters ist, dass seine besten Köpfe nicht dem Aufbau einer edleren Zivilisation gewidmet sind, sondern einer Schimäre: Wie man das Vermögen, das vergeht, in Verbindlichkeiten umwandelt, die Bestand haben und Zinsen tragen.

III

Was ist das moderne Geld?

Ein Geldsystem sollte, wie wir gesehen haben, die gemeinschaftlich produzierten Vermögenswerte für den individuellen Konsum und Gebrauch verteilen. In unserem Geldsystem wurde dieser Zweck, welcher der einzige sein sollte, auf eine sekundäre, nebensächliche Rolle reduziert. Der Hauptzweck, zu dem Geld in diesem Land emittiert wird, ist die Kreditvergabe, damit es Zinsen abwirft. Die vorherrschende Leidenschaft, die alle Menschen zu Geizhälsen macht, hat sich hier auf eine in der Theorie höchst merkwürdige Weise übersteigert, obgleich die Ergebnisse in der Praxis tragisch genug sind.

Die grundlegenden Konzepte und Denkweisen, die im neunzehnten Jahrhundert zu jener großen Aufklärung in den Naturwissenschaften führten, durch welche die Ingenieure in die Lage versetzt wurden, die Produktionsprobleme in jeder Hinsicht zu lösen, sind vom Autor in geeigneter Weise angewandt worden, um das Wesen des Geldes zu erhellen. In negativer Weise werden sie durch das lateinische Motto »Ex nihilo nihil fit« ausgedrückt: »Von nichts kommt nichts«. In positiver Form sind sie bekannt als die Erhaltungsgesetze von Materie und Energie, deren allgemeine Kenntnis heute so weit verbreitet ist, wie die Kenntnis des Lesens und Schreibens.

Möglicherweise stehen Energie und Materie in einem bestimmten Austauschverhältnis äquivalent zueinander und wohl hat die Wissenschaft des 20. Jahrhunderts seit Einsteins Relativitätstheorie versucht, die beiden Gesetze zu einem einzigen zu verschmelzen, ähnlich wie Joule vor einem Jahrhundert gezeigt hat, dass dies für Wärme und Arbeit oder jede andere Form von Energie gilt. Sollte dies der Fall sein, reicht ein Gesetz für beide aus.* Aber dies ist bislang nur ein Ausblick, denn die fassbare Umwandlung des einen in das andere ist noch nicht bewiesen, noch kann sie praktisch durchgeführt werden. Ob nun wahr oder nicht ist ohne Einfluss auf die Argumentation. Es gibt derzeit schon viel zu viel transzendentale Mathematik über das Geld.

Der gesunde Menschenverstand dieser Gesetze besagt, dass ein Perpetuum mobile nicht möglich ist. Um Vermögenswerte zu erzeugen, muss Energie eingesetzt oder verbraucht werden. Verbrauch bedeutet hier natürlich nicht die totale Zerstörung, ebenso wenig wie beim Verbrauch von Treibstoff oder Nahrung, sondern die Umwandlung in nutzlose Abfallprodukte. Das Ergebnis der Energieumwandlung ist Wärme, deren Temperatur zu niedrig ist, um von Nutzen zu sein. Es ist nicht von grundlegender Bedeutung, auch wenn es praktisch sehr wichtig sein kann, ob die zur Erzeugung von Gütern erforderliche Arbeit von

---

* vergl. z. B. Sir J. Jeans, THE MYSTERIOUS UNIVERSE, Cambridge University Press, 1930

einem Menschen, einem Dampfesel[5] oder einer anderen Antriebsvorrichtung geleistet wird. Wir haben festgestellt, dass dieses Zeitalter durch den Einsatz unbelebter Energieformen statt tierischer Arbeitskraft in der Produktion ermöglicht wurde. Eine einzige Maschine kann heute so viel tatsächliche Arbeit verrichten, wie die Gemeinschaft von einer Million Arbeitern, die in drei Schichten von acht Stunden pro Tag arbeiten.

Von dieser Binsenweisheit, dass es in einer Welt, die von physikalischen Gesetzen beherrscht wird, unmöglich ist, etwas für nichts zu bekommen, bildet das moderne Geld eine scheinbar herausragende Ausnahme. Dessen Aufklärung wirft eine wahre Flut von Licht auf das Wesen des Geldes und reicht aus, um es für immer seines geheimnisvollen Gewandes und – so hoffen wir – seiner Macht des Bösen zu berauben. Die meisten Menschen verbinden mit Geld immer noch die Vorstellung von Münzen, die jedoch, außer als Kleingeld, ausgedient haben. Sofern modernes Geld eine greifbare physische Existenz besitzt – der weitaus größte Teil weist diese nicht auf –, ist es eine Papiermarke, wie eine Briefmarke, die in der Herstellung fast nichts kostet und auf der ein Wert aufgedruckt ist. Sein Besitzer hat im Austausch dafür Anspruch auf diesen Betrag an Vermögenswerten und streng genommen ist er durch das Gesetz befugt, jeden Gläubiger dazu zu bringen, es als gesetzliches

[5] A.d.Ü.: Eine dampfbetriebene Winde, die in der Forstwirtschaft und in der Seefahrt eingesetzt wurde (engl. auch steam donkey).

Zahlungsmittel für einen ebensolchen Schuldbetrag anzunehmen – was in der Praxis auf genau dasselbe hinausläuft.

Aber das meiste Geld existiert heutzutage nur als Kontoauszug oder Bankguthaben, über das der Eigentümer per Scheck verfügt. Die Differenz zwischen den ein- und ausgezahlten Beträgen ist eine Geldsumme, die dem Eigentümer gehört, aber ohne, dass dieses Geld existiert. Was von einem Konto ausgezahlt wird, wird auf ein anderes eingezahlt, und zwar ganz ohne Geld in physischer Gestalt, sondern in Form von Buchungen. Für Eigentümer, die „Bargeld“ einfordern, reicht eine relativ geringe Menge von Papierwertmarken aus. An sich ist das Schecksystem in vielerlei Hinsicht ein großer Fortschritt gegenüber der Verwendung von Wertmarken. Aber seine Erfindung hat dazu geführt, dass die Banken nicht wirklich Geld prägen, denn das ist völlig unnötig, sondern, dass sie Geld schaffen, ohne auch nur gedruckte Banknoten herauszugeben, um es verzinslich an diejenigen zu verleihen, die bereit sind, Zinsen für den angeblichen „Kredit“ zu bezahlen.

Münzen sind in Wirklichkeit Wertmarken wie das Papiergeld, unterscheiden sich aber dadurch, dass die Wertmarke selbst nicht völlig wertlos ist. Würde man sie einschmelzen, könnte man mit dem Verkauf des Goldbarrens oder des Altmetalls den gesamten bzw. einen Teil des Nennwerts der Münze einbringen oder gegen Waren eintauschen. Dies ist jedoch ein Straftatbestand, sodass sie, auch wenn sie aus vollwertigen Edelmetallen hergestellt sind, lediglich als

Wertmarken gelten. Seit dem Krieg sind Goldmünzen, die ein dem Wert der Münze entsprechendes Gewicht an Gold enthielten, nicht mehr als Währung üblich und die Silbermenge in der für Silbermünzen verwendeten Legierung macht nur noch einen Bruchteil ihres Wertes aus. Sie sind ein merkwürdiges Relikt einer einst öffentlichen Währung, denn sie werden immer noch von der staatlichen Münzanstalt ausgegeben und tragen das Bild und die Aufschrift des regierenden Herrschers. Aber in der Demokratie wurde das Vorrecht der Geldausgabe von privaten Finanzunternehmen an sich gerissen, und das staatliche Geld ist auf einen unbedeutenden Anteil an der Gesamtmenge reduziert.

Aus dem soeben beschriebenen Gesichtspunkt spielt es jedoch keine Rolle, ob das betreffende Geld vom Staat, einer Bank oder einem Falschmünzer ausgegeben wird.

Der Emittent des Geldes, der es zuerst in Umlauf bringt, kann gar nicht anders, als etwas zum Nulltarif zu bekommen, nämlich den Tauschwert des Geldes.

Um also – im zwanzigsten Jahrhundert – nicht so zu tun, als gäbe es etwas wirklich Mysteriöses oder Wunderbares an diesem Vorgang, oder als gäbe es in der praktischen Wirtschaft eine besondere Ausnahme von den physikalischen Erhaltungsgesetzen, muss die Frage gestellt werden, woher diese Vermögenswerte stammen. Die Menge ist nicht unerheblich. In diesem Land entspricht sie weit über £2.000.000.000. Um die Frage zu beantworten, muss man nur eine rein hypothetische Gesellschaft ohne Geldsystem, die ihre Waren nur durch Tauschhandel erwirbt, mit unserem vorhandenen System vergleichen, oder, besser noch, die erste Bedingung zugrunde legen, um daraus unser eigenes System abzuleiten.

Das könnte etwa so aussehen: A hat Leder und B hat Mehl. A möchte Mehl, und B hat, obwohl er im Moment kein Leder benötigt, mehr Mehl als er bedarf und ist bereit, A gegen einen einfachen Schuldschein zu beliefern, der ausdrückt, dass »Ich, A, Dir, B, so und so viel schulde --.« Die geschuldete Menge könnte entweder Mehl oder Leder sein, wenn B angegeben hätte, dass er später Leder benötigen würde. Lautete der Schuldschein jedoch allgemeiner: »Ich, A, schulde Ihnen, dem Eigentümer dieses Schuldscheins, Waren im Tauschwert von so viel Mehl«, so könnte B, wenn er z. B. Nägel wollte, den Schuldschein bei C eintauschen, der Nägel produziert, und damit C das Recht einräumen, nach eigenem Ermessen mit A zu tauschen. A würde dann den Schuldschein, den er ausgestellt hatte, vernichten. Nicht nur A, sondern auch B, C ... und die gesamte Gemeinschaft der Geschäftsleute könnte es sich zur Gewohnheit machen, ihre Geschäfte auf diese Weise zu tätigen.

Der Unterschied zwischen einem solchen System und einem modernen Geldsystem besteht einfach darin, dass sich das Verständnis oder die Konvention entwickelt hat, dass Bürge des Schuldscheins nicht irgendein Individuum ist, sondern alle Individuen, die zustimmen, solche Scheine als „gesetzliches

Zahlungsmittel“ für die Begleichung von Schulden zu akzeptieren, und dass in Ländern mit Goldstandard die geschuldete Menge ein bestimmtes Gewicht an Gold ist. Anstatt dass A den von ihm ausgestellten Schuldschein zerreißt, wenn er ihn zurückerhält – da er die völlig überflüssige Information enthielt, wie viel A als Inhaber des Schuldscheins sich selbst schuldet – und B, C ... mit ihren Schuldscheinen unter ähnlichen Umständen dasselbe tun, zerreißen sie diesen gerade nicht, sondern geben ihn *für immer und ewig weiter*.

An dieser Stelle sei die Frage erlaubt, aus welchen Gründen die Gemeinschaft derlei Banknoten den Waren vorzieht und die Menschen hierzulande veranlasst, Waren im Wert von mehr als £2.000.000.000 *nicht* zu besitzen, sondern Ansprüche auf diese zu bevorzugen, die von jedem Einzelnen auf Verlangen sofort gegen Waren gewechselt werden könnten. Es ist einfach so, dass sie nicht wissen, welche Waren sie als Nächstes benötigen werden und in welchen Mengen. Sie wollen auch nicht mehr besitzen, als sie benötigen, denn es verrottet oder kostet sie jedenfalls etwas im Unterhalt. Da die Warenproduktion gemeinschaftlich abläuft, muss der Einzelne auf einen Teil des Sachvermögens *verzichten*, das ihm für Geld zusteht, d. h. er muss gültige Ansprüche auf die Güter der Gemeinschaft haben, die auf dem Markt verkauft werden, um das zu erhalten, was er benötigt, sobald er es benötigt. *Es ist dieser Besitz, den der Emittent des Geldes umsonst erhält.*

Es ist klar, dass ein einmal in Betrieb genommenes Geldsystem unbegrenzt funktionieren wird, da das Geld von einem Individuum zum anderen zirkuliert, ohne jemals wieder eingefordert zu werden, und es wird unverzichtbare Einrichtungen für den Handel und die Aufteilung von Waren und Dienstleistungen schaffen. *Wie aber* wird es in Gang gesetzt? Es muss eine zentrale Instanz geben, eine Bank oder einen Geldfälscher, die das Geld emittieren und im Gegenzug den Vermögensbestand erhalten, den die Bürger gezwungen sind – für nichts als den Papieranspruch darauf – aufzugeben. Was die Rechnungslegung betrifft, ist es klar, dass den Bürgern das, was sie aufgegeben haben, geschuldet wird. Der interessante Punkt ist: »Wer schuldet dafür?« Natürlich nicht der Emittent des Geldes, denn es liegt in der Natur der Sache, dass, wenn er den Bürgern die von ihnen aufgegebenen Güter zurückzahlt, das Geld aus dem Verkehr gezogen und die Frage ad absurdum geführt wird. Die Bürger wollen nicht zum Tauschhandel zurückkehren, aber sie verlangen die Waren im Tausch gegen ihr Geld *von einander zurück*, wobei diejenigen mit Geld und ohne Waren jene Güter von denen verlangen, die Waren im Tausch gegen Geld abgeben.

Damit ist klar, dass Geld eine eigenartige und besondere Form der Verschuldung ist, ganz anders als diejenige, welche von Menschen eingerichtet wird, die einen Kredit gegen regelmäßige Zinszahlungen und die letztendliche Rückzahlung des Kapitals aufsetzen. Es handelt sich um eine Form der Staatsverschuldung[6], die sich im Besitz von Privatpersonen befindet und die gesetzliches Zahlungsmittel im Tausch gegen die Waren eines jeden Bürgers ist, der diese verkaufen möchte. Und es wird dann wiederum ein gesetzliches Zahlungsmittel für dasjenige, was der neue Besitzer kaufen möchte. Eindeutig sollten die Gewinne aus der Geldemission der Gemeinschaft zukommen. Die Herstellung von Geld durch einen Geldfälscher wird eher wegen Hochverrats als wegen Diebstahls bestraft. Aber die Banken haben mit dem Schecksystem ein Mittel erfunden, um Geld zu emittieren, ohne es prägen oder gar als Geldschein ausgeben zu müssen, und diese Form des Geldes macht in seiner Menge den ganzen Rest unbedeutend. Im Austausch erhalten sie die Güter der Gemeinschaft, welche durch diejenigen Personen verbraucht wurden, denen sie das Geld „geliehen" hatten. Was die Gemeinschaft durch die Emission des Geldes aufgeben musste, wird ihnen von diesen Kreditnehmern geschuldet. Das so herausgegebene Geld geht in die Hände von Privatpersonen über und wird ihnen wiederum von den Banken in Form eines Giro- oder Scheckkontos geschuldet. Aber die Banken besitzen das Geld nicht, da es keine physische Existenz hat und sie es nicht zurückzahlen könnten, wenn danach verlangt würde. Sie besitzen nur jene Wertpapiere, die von denjenigen, die ihnen das Geld schulden, zur Deckung hinterlegt wurden.

---

[6] A.d.Ü.: Dies impliziert die gemeinschaftliche Verschuldung innerhalb eines durch Übereinkunft geschaffenen einheitlichen Geldsystems.

Die Schöpfung und die Natur des modernen Geldes, soweit es sich um einen Papierschein handelt, wird dem Uneingeweihten aus der vorangegangenen Beschreibung klar. Im Falle des nicht existierenden Geldes der Bankguthaben werden die Kosten für das Drucken oder Fälschen der Noten und deren Instandhaltung im Umlauf eingespart. Aber es gibt noch einen anderen, viel wichtigeren und gefährlicheren Grund, warum diese Form des Geldes jetzt den größten Teil der Gesamtmenge ausmacht. Der periodische Druck und die offene Vernichtung von Geldscheinen zu Hunderten von Millionen im Interesse der Wirtschaft könnte abwechselnd zu heftigen Reaktionen bei Käufern und Verkäufern führen, die zu Recht befürchten, dass ihr Geld an Wert verliert oder dass ihre Geschäfte ruiniert werden.

Der große und unheilvolle Vorteil eines Bankguthabens gegenüber physischen Wertpapieren besteht darin, aufgrund einer Vereinbarung zwischen der Bank und dem Girokontoinhaber, negativ statt positiv sein zu können, ohne dass die Öffentlichkeit davon erfährt, was wirklich vor sich geht. Der Bankier erlaubt einem Kunden, der bereit ist, eine Sicherheit zu hinterlegen und dafür Zinsen in Höhe des Banktarifs zu zahlen, sein Konto zu *überziehen*. Dies ist eine der üblichen Methoden, mit denen eine Bank im Gegensatz zu einer Privatperson ein „Darlehen“ vergibt. Jedoch stellt ein echter Kredit – zum Leidwesen der Deutung dieses Vorgangs – das Erhaltungsgesetz nicht in Frage. Hierbei gibt es keine Magie: Was der Kreditnehmer erhält, gibt der Kreditgeber zuvor auf.

Aber die soeben betrachtete Transaktion hat genau das bemerkenswerte Merkmal, das uns als beständiges Resultat der Emission neuen Geldes aufgefallen ist. Niemand verzichtet auf das, was der Kreditnehmer in diesem Fall erhält, oder wüsste davon, dass er etwas aufgegeben hätte. Letzterer wird durch den Überziehungskredit ermächtigt, auf dem Markt Waren oder Dienstleistungen von Einzelpersonen zu erhalten, ohne dass das Geld mit dem er kauft, wie bei einem echten Verkauf oder Kreditgeschäft, von jemandem abgegeben wurde. Vor der Transaktion besaß die Öffentlichkeit einen bestimmten Geldbetrag. Nach der Transaktion besitzt sie diesen Betrag plus den Betrag der Überziehung. Dieser Betrag erhöht die Girokonten derjenigen, die Waren an die Person verkaufen, die den Überziehungskredit erhält, und wird nicht von einem bestehenden Konto abgezogen.

Nach den Erfahrungen mit den Währungsschwankungen während des Krieges, sollte es heute niemandem mehr große Mühe machen, die damit verbundenen Berechnungen zu beherrschen. Nehmen wir an, dass vor der Inanspruchnahme eines Überziehungskredits in Höhe einer gewissen Summe, sagen wir £A, der Kreditnehmer £0 und die Nation £X besitzt. Nachdem der Kreditnehmer seinen Überziehungskredit ausgegeben hat – er würde kaum einen Kredit aufnehmen und dafür Zinsen bezahlen, um ihn dann in den Strumpf zu stecken – besitzt er £0 Pfund, schuldet £A und die Nation besitzt £(A+X). Die Warenschuld, die die Individuen der Nation sich untereinander schulden, wird statt auf £X nun auf £(A+X) aufgeteilt, mit der Folge, dass jedes £1 nun in Waren weniger wert ist als vorher, da X:(A+X), bzw. der Preisindex im Verhältnis (A+X):X ansteigt. Das bedeutet, dass die Menschen – anstatt stets davon auszugehen, dass ihre Waren wertvoll seien – es andersherum betrachten sollten: Dass ihr Geld entwertet wurde, aber auf raffiniertere Weise, als es den berüchtigten Monarchen gelang, die mit immer mehr unedlem Metall die Münzen streckten.

Es wird natürlich immer argumentiert, dass der Kreditnehmer der Bank Sicherheiten überlässt, deren Wert höher ist als die Höhe des „Kredits". Tatsächlich gibt er aber gar nichts ab. Das Einzige was passiert, ist, dass seine Wertpapiere im Tresor der Bank aufbewahrt werden und nicht in seinem eigenen, um *die Bank* zu schützen, *falls* er in Verzug geraten sollte. In diesem Fall verkauft die Bank *dann* seine Wertpapiere und zieht somit das Geld, das sie ausgegeben hat, wieder ein. Würde die Bank das Wertpapier verkaufen, bevor sie das Geld vorstreckt, gäbe es keine neue Geldemission. Aber der Eigentümer kann dies genauso gut ohne die Bank tun. Das ist das Problem, denn es bedeutet, dass von den drei möglichen Wegen, auf denen diese große Nation das Geld für ihre Dienstleistungen erhalten kann, nämlich vom Staat, von der Bank und von einzelnen Geldfälschern, nur noch der erste möglich ist.

Diese Fakten sind bekannt und unbestritten. »Jeder Kredit ist eine Einlage«* ist eine verhängnisvolle Phrase der Apologeten des Systems, welche vom ehrwürdigen Reginald McKenna, dem Vorsitzenden der Midland Bank, bekräftigt wurde. Die Erklärung dafür ist natürlich, dass das, was der Bankier als „Kredit" bezeichnet, gar kein Kredit ist, sondern eine Schöpfung neuen Geldes, sofern es sich um einen völlig neuen „Kredit" handelt, oder eine Weiterführung von zuvor auf diese Weise geschaffenen Geldes, wenn der „Kredit", nachdem er zurückgezahlt wurde, an einen anderen Kunden vergeben wird. Wenn er nicht an jemand anderen weitergegeben wird, wird das Geld, das bei der Vergabe des „Kredits" ausgegeben wurde, wieder vernichtet, sobald der „Kredit" zurückgezahlt wird. Jede solche neue Ausgabe von Geld schafft eine Einlage auf einem Konto. Das ist leicht zu verstehen. Aber der Versuch, den Vorgang als „Darlehen" zu tarnen, erscheint ebenso armselig wie die gängigen Rechtfertigungen säumiger Schuldner, die ein Richter, der kürzlich einen solchen Fall verhandelte, so streng der öffentlichen Schmach ausgesetzt hat.

Auf diese Weise wurden der Öffentlichkeit Vermögen im Wert von weit über £2.000.000.000 entzogen. Es wird den Banken von denjenigen geschuldet, die es sich geliehen haben, und von den Banken wiederum ihren Kunden geschuldet. Im Gegenzug erhalten die Kunden von den Banken eine kostenlose Führung

---

* Heartly Withers, THE MEANING OF MONEY, S. 63, John Murray, 1922

ihrer Konten und wenn ein nationales Geldsystem anstelle des derzeitigen privaten Geldsystems eingeführt würde, müssten die Menschen vermutlich für die Führung ihrer Bankkonten bezahlen, wie für jede andere Dienstleistung auch.

Von der Erfindung des Schecksystems wurde die Geldmenge bis 1914 auf diese Weise auf insgesamt £1.200.000.000 ausgeweitet, wovon mindestens eine Milliarde Pfund eine private Schöpfung war. Verhältnismäßig plötzlich vervielfachte sie sich während des Krieges und in der Nachkriegszeit auf mehr als das Doppelte und belief sich 1920 auf £2.700.000.000. Der Warenwert des britischen Pfund fiel fast proportional und war nur noch etwa acht Schillinge der Vorkriegszeit wert. Nur einige hundert Millionen dieses Zuwachses entfielen auf nationales Geld in Form der Ein-Pfund- und der Zehn-Schillinge-Banknoten. Mit dem Gesetz über Banknoten und Währung von 1928 wurden diese unter der letzten Regierung abgeschafft und durch Banknoten der *Bank of England* ersetzt. So sind gegenwärtig von den insgesamt weit über zweitausend Millionen Pfund nur etwa achtundfünfzig Millionen Pfund nationales oder staatliches Geld.*

Vor dem Krieg war die Neuemission von Geld seitens der Banken begrenzt durch das Recht der Öffentlichkeit, Gold im Austausch gegen Papiergeld zu verlangen. Wenn der Wert des Geldes sank und die

---

* A. C. Marshall Hattersley M.A. LL.B., THIS AGE OF PLENTY, Appendix, Sir Isaac Pittman & Sons Ltd., 1929

Preise stiegen, sodass es billiger als andere Waren war, Gold zur Begleichung von Schulden ins Ausland zu schicken, verringerte der Abfluss von Gold die Grundlage des „Kredits" und die Deflation oder die Verringerung der Gesamtgeldmenge wurde durch die Einforderung von „Krediten" und deren Nichtverlängerung bewirkt. Da es völlig unmöglich ist, nach solchen Grundsätzen neues Geld auszustellen, ohne einen Wechsel von einem Preisanstieg in eine daraus resultierende Deflation und industriellen Depression zu verursachen, ist die Geschichte des Systems eine Geschichte des Aufschwungs, der mit periodischer Regelmäßigkeit auf den Einbruch folgt, was sich den besonderen Titel des „Handelszyklus" verdient hat.

Man sollte nicht glauben, dass dieses System die Geldmittel des Landes und seinen Wohlstand so schnell erhöht hat, wie es bei einem wissenschaftlichen Geldsystem der Fall gewesen wäre. Es ist wahr, dass hier – wie auch in vielerlei anderer Hinsicht – die Fruchtbarkeit der Wissenschaft so groß ist, dass der Fortschritt *trotz* antiquierter Gesetze, unsozialer Praktiken und der Amputation des Finanzwesens aus der staatlichen Verwaltung gemacht wurde, was jedes ärmere Zeitalter ruiniert hätte.

Während des Krieges wurde der Allgemeinheit das Recht auf eine goldgedeckte Währung entzogen und soweit es die Öffentlichkeit betrifft, hat das sogenannte „Gold-Standard-Gesetz von 1925" es nicht wiederhergestellt. Aber die im Außenhandel tätigen Personen wurden dadurch ermächtigt, Goldbarren mit einem Gewicht von etwa 400 Feinunzen gegen

Papier zu kaufen – zum vollen Vorkriegswert von 1 Pfund Sterling im Verhältnis zum Gold. Angebliches Ziel dieses Versuchs, zu einem Goldstandard zurückzukehren, war es, den Wert des Pfundes wieder auf den Vorkriegswert anzuheben, der durch die Inflation während des Krieges auf weniger als die Hälfte gesunken war. Den Fachkundigen waren die vielen damit verbundenen Nachteile, die sich aus diesem Kurs ergeben würden und ergeben haben, durchaus bekannt, sobald dies zur Debatte stand. Was hier vorgeschlagen wurde, dämmerte ihnen acht Jahre vor der Öffentlichkeit, die nun beginnt, über die Auswirkungen beunruhigt zu sein. Es war bekannt, dass zwangsläufig eine anhaltende industrielle Depression und ein schwerwiegender Anstieg der Arbeitslosigkeit folgen würden wie die Nacht dem Tag. Auch, dass die tatsächliche Last der Staatsverschuldung, deren Zinsen sich auf über eine Million Pfund pro Tag belaufen, in demselben Verhältnis vergrößert würde, wie der Wert von £1 in Waren erhöht wurde. Es scheint fast unmöglich, dass diese Nation stark genug sein wird, um die Behinderungen und Belastungen zu überstehen, die ihr vorgeblich im Interesse „solider Finanzen" auferlegt werden, in Wirklichkeit aber in dem Versuch, zwei unsolide Dinge solide zu machen.

Es genügt nicht zu sagen, dass diese Nachwehen, so unentschuldbar sie auch sind, die natürliche Folge des Krieges waren. Die finanziellen Maßnahmen, die sofort nach Ausbruch des Krieges in Kraft gesetzt wurden, waren natürlich vorher bis ins kleinste Detail vorbereitet worden. Diese Art der Finanzierung, bei der die Kosten für die Vorbereitung einer größeren kriegsbedingten Produktion aus dem Wert des vorhandenen Geldes bezahlt werden, ermöglicht es, den Krieg ohne die Zustimmung der Bevölkerung zu finanzieren, und das ist zweifellos einer der Vorteile. Wenn man sich darauf verlassen könnte, dass die Bevölkerung in dem Maße zustimmt, in dem sie ehrlich für die entstehenden Mehrausgaben zahlt, gäbe es keinen Grund, warum nicht auch Kriege geführt werden sollten, ohne die Einheit des Geldwertes zu entwerten.

Man hoffte, dass das Gesetz die Goldvorräte erhalten würde, aber am 3. September 1930 waren die Goldvorräte um £220.536 geringer, als zum Zeitpunkt der Verabschiedung des Gesetzes. Die Benachteiligung zugunsten ausländischer Händler in einer Zeit, in der unsere heimischen Industrien so stark geschwächt waren, war wohl eher eine Begleiterscheinung der größeren Politik der Erhöhung der Kriegslast, als eine reine Nebensache. Es wurde behauptet, dass der Grund, warum die billigen Six-Penny-Läden in diesem Land so erstaunlich florieren, der ist, dass sie ausländische Waren unter jeglichen Produktionskosten verkaufen können, indem sie das Papier, das sie erhalten, gegen Gold tauschen und mit Gold im Ausland kaufen.*

Unabhängig davon, ob dies begründet ist oder nicht, scheint es unbestreitbar, dass der aktuelle Wert des Pfundes nicht für den heimischen

---

* Junius Junior, THE NEXT BUDGET, Cecil Palmer, 1930

Produzenten, sondern für den Importeur gestiegen ist. Wenn dies von den Geschäftsleuten nicht ausgenutzt werden sollte, muss es wohl aus patriotischen und altruistischen Gründen sein, die sich gänzlich von denjenigen Bewegründen unterscheiden, die sonst den Erfolg ihres Lebenswandels ausmachen. Vielmehr wäre es naheliegend, anzunehmen, dass dies in vollem Umfang ausgenutzt wurde und dass der Wettbewerb, dem unsere eigenen Arbeitnehmer ausgesetzt sind, zum Teil diesen rein künstlichen und krummen Charakter hat.

IV

Virtuelles Vermögen

Falls irgendein Leser an Kuriositäten interessiert ist, sollte er sich eine der privat ausgegebenen Banknoten ansehen, die so still und leise den Platz der bekannten, während des Krieges ausgegebenen Schatzanweisungen oder „Bradburys“ eingenommen haben. Er wird feststellen, dass darauf das Haupt des Königs nicht mehr abgebildet ist und sollte ihre Aufschrift lesen, anstreichen und innerlich ergründen:

»Bank von England. Ich gelobe, dem Überbringer auf Verlangen die Summe von einem Pfund zu zahlen. Für den Govr. und die Compa. der Bank von England.« (Compa. in vollem Wortlaut ist Compagna, das Unternehmen ist ursprünglich italienisch.)[7]

Sollte ihn seine Neugier dazu veranlassen, diese Banknote bei der Bank von England vorzulegen und ein Pfund dafür zu verlangen, wozu der Inhaber eindeutig berechtigt ist, würde ihm die Bank den Schein vermutlich zurückgeben![8] Er besitzt einen Rechtsanspruch auf Vermögenswerte im Wert von einem

---

[7] A.d.Ü.: Hier scheint ein Missverständnis vorzuliegen. Nach heutiger Lesart versteht man darunter „Governor and Company of the Bank of England". Die Bank von England war allerdings von ihrer Gründung 1694 bis zu ihrer Verstaatlichung 1946 eine Privatgesellschaft. Der Begriff „Bank" entstammt tatsächlich dem italienischen Wort „Banchi“, was „Tisch" bedeutet, auf denen die mittelalterlichen Geldwechsler ihre Geschäfte abwickelten.

[8] A.d.Ü.: Die Goldbindung des britischen Pfund wurde 1931 aufgehoben.

Pfund, den er ausüben kann, indem er irgendetwas in diesem Umfang kauft oder den Schein als gesetzliches Zahlungsmittel zur Tilgung eingegangener Schulden abgibt. Was die Bank also leichtfertig verspricht, überlässt sie der Öffentlichkeit zur Erfüllung.

Damit ist auch der letzte Anschein verschwunden, dass Geld eine Schuld gegenüber seinem Emittenten ist, wodurch die ganze Sache eine erhebliche Klarheit gewinnt: Es ist stattdessen eine gegenseitige Verschuldung unter den Individuen der Nation, in der es legalisiert wurde. Die von den zahlreichen Befürwortern der privaten Geldschöpfung eingeflochtenen feinen Spinnweben der Unterscheidung zwischen der einen und der anderen Art von Geld, die keinerlei wirklichen Unterschiede aufweisen, berühren nicht im Geringsten die vorrangige Überlegung, dass sie alle die gleiche Wirkung auf die Preise haben, d. h. auf den Wert des Geldes in Waren.

Was in diesem Buch als Scheckgeld, nicht vorhandenes Geld oder als Bankguthaben auf Girokonten bezeichnet wird, wird in der Regel unscharf als „Bankguthaben" benannt. Aber ebenso wie ein Darlehen echt oder fiktiv ist, je nachdem, ob der Darlehensgeber auf das, was der Darlehensnehmer erhält, verzichtet oder nicht, kann auch ein Kredit echt oder falsch sein, und in keiner wirklichen Wissenschaft würde die Verwendung eines allgemein anerkannten Begriffs in einem völlig neuen und völlig anderen Sinne toleriert werden. Das ist das Merkmal von Scharlatanerie, Betrug und Täuschung, bei denen die

Sprache nicht der Aufklärung dient, sondern in die Irre führen soll.

Einige Autoren haben sich ernsthaft dafür ausgesprochen, dass das Bankwesen, d. h. die private Geldausgabe, genauso frei von staatlicher Einmischung und Regulierung sein sollte, wie alle anderen Geschäfte. Andere, da sie die Kontenzauberei des Bankwesens studiert haben, sind ebenfalls bestrebt, es grenzenlos auszudehnen, um Güter unter dem Selbstkostenpreis zu verkaufen und um all die teuren öffentlichen Unternehmungen, die wir uns nicht leisten könnten, kostenlos anzubieten und somit die unangenehme Notwendigkeit zu vermeiden, dass überhaupt irgendjemand Verzicht üben muss.

Der Trugschluss dabei ist, dass sich der Wert des Geldes, das sich im Besitz eines jeden befindet, bei jeder Neuemission oder Annullierung unmittelbar ändert. Das moderne Geschäftsleben ist nichts anderes als ein verworrenes Geflecht von gegenseitigen Verträgen, die auf der einen Seite Schulden und auf der anderen Seite Rückzahlungsforderungen beinhalten. Jeder derartige Vertrag ist von Änderungen des Geldwerts der Waren oder der Preise betroffen. Der Staat besteht auf gerechten Gewichten und Maßen. Das Pfund darf nicht an einem Tag sechzehn Unzen wiegen und am nächsten Tag sechs der gleichen Unzen und dann wieder sechzehn, weil die Leute an ihren Gewichten oder Waagen herumhantieren. Aber während und nach dem Kriege wurden von jedem Pfund 12 Schillinge genommen und an andere Leute weitergegeben, sodass das Pfund nur noch

8 Schillinge seines früheren Wertes wert war.[9] Nun wird eine während des Krieges entstandene Schuld von etwa £8.000.000.000 durch den Versuch, das Pfund wieder auf 20 Schillinge der Vorkriegszeit zu bringen, in eine reale Schuld umgewandelt, die etwa doppelt so hoch ist, wie sie in Pfund bemessen war, zu der sie aufgenommen wurde.

Das ist so, mit Verlaub, wie die Mücken abzuseihen und das Kamel zu schlucken.[10] Es reduziert sämtliche Erlasse und Apparate zur Sicherstellung korrekter Gewichte und Maße auf eine scheinheilige Mogelpackung – die aufmerksame Standardisierung durch das *National Physical Laboratory* und die kleine Armee von Inspektoren, die jeden Vierteltopf oder jedes andere Gerät, mit dem Dinge gekauft und verkauft werden, stempeln und kennzeichnen. Denn eine Schwankung des Geldwerts ist gleichbedeutend mit einer ähnlichen Schwankung jeder Gewichts- oder Maßeinheit. Der Staat hat ein wesentliches Interesse an der Aufrechterhaltung einer ehrlichen Geldeinheit, da sie die Grundlage aller kommerziellen und geschäftlichen Integrität ist. Wenn Abweichungen in erheblichem Umfang auftreten, können sie langfristige Geschäftsverträge oder Verpflichtungen unmöglich machen.

Nichts zeigt sich heute so deutlich wie die diametral entgegengesetzten Interessen von Menschen zweier

---

[9] A.d.Ü.: Vor der Dezimalisierung im Februar 1971 zählte man zwanzig Schillinge pro Pfund.

[10] A.d.Ü.: Dieses Sprichwort nimmt Bezug auf Matthäus 23:24 (siehe etwa http://www.gotquestions.org/strain-gnat-swallow-camel.html)

mächtiger Klassen, die versuchen, den Wert des Geldes zu verändern, was auf einer universellen Ebene genau dem entspricht, was passieren würde, wenn man an Gewichten und Maßen herumschrauben würde. Die Käufer würden den Yard, das Pfund oder das Pint größer und die Verkäufer diese kleiner machen wollen, in ihrem eigenen Interesse und im Interesse der Produzenten, die immer auf der Suche nach „billigen Krediten" sind. Wir haben da also Industrielle: Ihrer Meinung nach sollten die Banken neues Geld im Überfluss emittieren und es ihnen zu niedrigen Zinssätzen leihen. Sie bekommen „etwas für nichts" geliehen und bezahlen lediglich Zinsen, nicht aber die Kapitalsumme, die sie sonst aufbringen müssten. Sie profitieren doppelt, weil das, was sie auf diese Weise umsonst bekommen haben, aus dem Gesamtwert des Geldes anderer Leute entnommen wird, alle Preise im Durchschnitt steigen lässt, und wenn sie die Waren verkaufen, die sie dank der Neuemission produzieren konnten, erhalten sie über ihren normalen Gewinn hinaus mehr Geld dafür, als sie für Löhne und Dienstleistungen im Rahmen der Herstellung bezahlt haben. „Billige Kredite" sind also, im Klartext, ein doppelter Diebstahl.

Auf der anderen Seite gibt es die mächtige Klasse der „Rentiers", deren Einkommen aus festen Geldzahlungen, wie z. B. Schuldzinsen, stammt, die – in Waren und nicht in Geld gemessen – direkt proportional zum Wert des Geldes sind. Sie fordern „solide Finanzen" und erwarten, dass die Banken die Vergabe von „Darlehen" einstellen und die von ihnen vergebenen

Kredite einfordern, um die Preise zu senken und den Warenwert des Britischen Pfundes zu erhöhen.

Obwohl die Veränderung des Geldwertes in beide Richtungen gleichermaßen eine moralische Ungerechtigkeit darstellt, kann man im Allgemeinen sagen, dass der Nachteil, welcher den Kreditgebern durch die Abwertung der Währung entsteht, weniger schädlich für die Gemeinschaft ist, als derjenige Nachteil, welcher der Klasse der Schuldner durch den Versuch, den Wert der Währung zu erhöhen, zugefügt würde. Denn die Arbeit der Welt wird von der Schuldnerklasse geleistet, welche die Arbeitskräfte und die produktive Industrie umfasst, die für die Kapitalorgane der Produktion verschuldet sind und gezwungen sind, Mieten und Zinsen zu zahlen und im Allgemeinen langfristige Verträge für bestimmte Geldbeträge einzugehen, unabhängig von ihrem Wert. Die Gläubigerklasse ist wirtschaftlich gesehen eher eine Last als ein Vorteil. In einer Deflation wie der jetzigen wird die tote Hand der Vergangenheit, die bereits dadurch schwer wiegt, dass es nicht gelungen ist, die wachsende Verschuldung der Nation gegenüber Einzelpersonen durch ausreichende Tilgungsfonds zu beseitigen, zu schwer zu ertragen sein. Frankreich, Italien und Belgien haben alle ihre Währungen auf einem Bruchteil ihres früheren Wertes stabilisiert, um ihre Kriegslasten zu verringern, während Deutschland, Österreich und Russland ihre alten Währungen auf null abwerteten und damit ihre monetäre Verschuldung auslöschten und mit neuen Währungen einen Neubeginn machten. Wir sind die einzige Nation, die heroisch genug ist, zu versuchen, ihre Lasten zu verdoppeln.

Die Berufsstände, die für ihre Leistungen nach weitgehend gewohnheitsmäßig festgelegten Geldsätzen entlohnt werden, leiden mit der Gläubigerklasse, wenn die Preise steigen und der Warenwert des Geldes sinkt. Aber unter dem Strich führt eine Deflation zu mehr tatsächlicher Beeinträchtigung und Schäden im Leben der Gemeinschaft als eine Inflation. Dennoch werden die meisten Menschen niedrige Preise als einen öffentlichen Nutzen und hohe Preise als ein öffentliches Übel ansehen. Die eigentlich wichtigste Überlegung ist, dass der Fluss der Vermögenswerte aufhört, wenn die Preise unter die Produktionskosten fallen, während er durch hohe Preise stimuliert wird. Aus diesem Grunde war während des Krieges das Wirtschaftsleben unseres Landes trotz des schrecklichen Konflikts und der Lebensmittelknappheit und trotz der großen Ungerechtigkeit für viele Menschen insgesamt üppiger und gesünder als vorher oder auch heute.

Würde das Geld auf die einzig richtige Weise von der Nation herausgegeben, wären die Dienste der Banken völlig überflüssig und die Funktion des Parlaments, wie bei der Pflege anderer Normen, rein formal. Das ganze Interesse der Banken liegt in der unsachgemäßen Ausgabe von Geld und ihr Geschick besteht darin, die unvermeidlichen Folgen ihres eigenen Handelns im Nachhinein zu „korrigieren“, soweit dies möglich oder wünschenswert ist. Sie produzieren selbst die wirtschaftlichen Übeltaten, zu deren Heilung sie immer wieder herangezogen werden, so wie es Rasputin mit dem letzten Zarewitsch getan haben soll.

In diesem System ist es unmöglich, dass die Nation jemals die richtige Geldmenge aufweist. Sie wird beständig „korrigiert“. Nach dem Krieg wurde das Land damit überschwemmt und jetzt wird es den letzten Qualen des Durstes nach Geld unterworfen. Es ist von großer Bedeutung, dass die bemerkenswerteste Folge des Systems darin besteht, dass das Bankwesen kontinuierlich floriert. Oberflächliche Beobachter und professionelle Apologeten ihrer Methoden wollen uns glauben machen, dass nicht Wissenschaft, Erfindungen, Unternehmertum, technisches Geschick und effiziente Produktion für das Wachstum des Wohlstands verantwortlich sind, sondern unser eigentümliches System des „Bankwesens“.

Der flüchtige Beobachter würde angesichts des verarmten Zustands der Mehrheit der Gemeinschaft, der dürftigen Art und Weise, in der sie leben und arbeiten, und des intensiven und sich steigernden Kampfes, den sie im letzten Jahrhundert hatten, um überhaupt menschliche Eigenschaften zu bewahren, kaum zu dem Schluss kommen, dass das Problem der Generationen nicht darin besteht, wie man produziert, sondern wie man das Vermögen zum Verbrauch verteilt. Er würde auch ganz falsch liegen, wenn er zu dem Schluss käme, dass der Wert des Geldes von Natur aus eine sehr unsichere und variable Größe ist.

Was wie eine Ziehharmonika schwankt, ist die Gesamtmenge des Geldes, nicht die Gesamtheit der Waren, die mit dieser Menge gekauft werden können.

Der Warenwert des Pfunds schwankt heftig, weil dieses Gesamtaggregat auf eine ständig wechselnde Anzahl von Pfunden aufgeteilt wird, wodurch der Wert eines jeden Pfunds größer oder kleiner wird. Der Gesamtwarenwert des gesamten Geldes im Land ist weit davon entfernt, eine kapriziös schwankende Größe zu sein. Er ist von Natur aus eine sehr konservative Größe, die sich nur allmählich und regelmäßig verändert.

Es ist zweckmäßig, einen Begriff zu haben, der die Gesamtheit der Güter im Allgemeinen darstellt, die das gesamte Geld in einem Land zu dem vorherrschenden Preisniveau kaufen kann. Der Autor nennt diese Menge, aus Gründen, die noch erläutert werden, das „Virtuelle Vermögen"* des Landes.

Aber es ist sofort zu verstehen, dass dies zwar die Menge misst, die als virtuelles Vermögen bezeichnet wird, aber es ist nicht das virtuelle Vermögen selbst und erklärt es auch nicht. Ein willkürlich festgelegtes Gewicht in Gold misst den Wert des Pfunds oder diente dazu, ihn zu messen, aber es erklärt ihn nicht und wirft kein Licht auf die Frage, wie viele Pfund dieses Wertes in einem Land ausgegeben werden können. Wohingegen das virtuelle Vermögen ein Konzept ist, das den Wert des Geldes sowohl erklärt als auch misst. Die Quantität ist eine bestimmte Gütermenge, nämlich diejenige, die mit dem gesamten Geld gekauft werden könnte, wenn sich das

---

* Frederick Soddy, WEALTH, VIRTUAL WEALTH AND DEBT, Allan and Unwin Ltd., 1926

vorherrschende Preisniveau nicht ändern würde, aber es handelt sich nicht um eine positive oder vorhandene Gütermenge. Sie ist eine negative oder geschuldete Menge.

Das virtuelle Vermögen ist der gesamte Vermögensbestand, auf den die Bürger eines Landes *freiwillig verzichten*, obwohl sie ein Anrecht darauf haben, nur um dafür Geld zu erhalten, das an sich wertlos ist. Wenn das Geld ehrlich und von unveränderlichem Wert ist, merken sie nicht, dass sie etwas aufgegeben haben. Das Papier- oder Bankengeld ist für sie so gut wie eine Ware, und es scheint für sie dasselbe zu sein, ob es nun in Geld oder in Waren besteht. Aber der Teil ihres Besitzes, der Geld ist, hat in Wirklichkeit keine Existenz. Der Wert, den es repräsentiert, wurde von denen, die das Geld emittiert haben, umsonst erworben, und außer bei Münzen aus Edelmetallen wird er nicht konserviert: Er wird geschuldet und nicht besessen. Daher der Begriff „virtuell", was so viel bedeutet wie im Effekt, nicht aber faktisch.

Wir können es so formulieren: Alles, was es gibt, was einen Geldwert hat, einschließlich der Sicherheiten oder Deckungen, die von denjenigen hinterlegt wurden, die sich das Geld geliehen haben, das die Banken ausgegeben haben, hat bereits Eigentümer. Das virtuelle Vermögen ist der Betrag, der den Geldbesitzern geschuldet wird, und es gibt dahinter nichts, was nicht bereits Eigentum ist. Was sich hinter dem modernen Geld verbirgt, sind nicht die Deckung oder die Wertpapiere der privaten Unternehmen, die es emittieren. Dadurch wird lediglich *deren* finanzielle Sicherheit gewährleistet. In einem nationalen Währungssystem wäre das völlig unnötig. Hinter der Staatsverschuldung steht nichts anderes als das Recht der Regierung, Steuern zu erheben, und Geld ist Schuld und Eigentum – in beiden Richtungen zwischen den Individuen der Nation. Dahinter verbirgt sich die Notwendigkeit für die Menschen, auf wertgleiche Vermögensgüter zu verzichten, und dieser aufgegebene Besitz wird als virtuelles Vermögen bezeichnet.

Im gigantischen Interesse an der privaten Emission von Geld wurde immer so getan, als sei es die Öffentlichkeit, die darauf besteht, dass hinter Papier- und Kreditgeld etwas steht. Doch während des Krieges wurde der Wechsel von Goldmünzen zu Papiergeld vollzogen, ohne dass die Öffentlichkeit im Geringsten beunruhigt wurde. Man kann sogar sagen, dass sie die Änderung begrüßt haben. Diese Interessengruppen versuchen immer, die Öffentlichkeit von der Unsolidität jeder Art von Geld zu überzeugen, welches sie nicht selbst emittiert haben. Aber für jede unparteiische Person, die sich ein Bild von den Fakten macht, muss das gegenwärtige System als das schlechteste und unsolideste Geldsystem erscheinen, das die Welt je gesehen hat.

Selbst denjenigen, die nichts über Geld wissen, muss es absurd erscheinen, dass es uns nicht gestattet ist, die Dinge herzustellen, die wir herstellen können und wollen, weil wir kein Gold herstellen oder es nicht schnell genug finden können, um mit dem Wachstum der Produktivkraft Schritt zu halten.

Sobald das Gold an einem Ort aus der Erde gegraben wird, verschwindet es an einem anderen in den Tresoren der Banken. Niemand bekommt es je zu Gesicht. In einem nationalen Geldsystem würde es für den internen Gebrauch überhaupt nicht benötigt. Es könnte vollständig der Korrektur der Handelsverschuldung zwischen den einzelnen Ländern vorbehalten sein.

Gold ist in jeder Hinsicht die denkbar schlechteste Ware, die man als Währungsmaßstab wählen kann. Sein Wert schwankt im Verhältnis zu den für den Lebensunterhalt benötigten Gütern enorm und kapriziös aufgrund der sprunghaften Natur der Entdeckung von Goldfeldern, der gewaltigen Veränderungen, die die Wissenschaft wie in jeder anderen Industrie in der Technik der Goldgewinnung vornimmt, wie z. B. die Zyanidierung, das Nassbaggern und ähnliches. Diese Fortschritte treten so sporadisch auf, wie die Entdeckung von Goldfeldern, und die völlig unzureichende Menge, die für diesen Zweck vorhanden ist, erfordert die Art von Ausweichmanövern, die wir untersucht haben, um bei der Verwendung des Goldes zu „sparen". Vom nationalen Standpunkt aus betrachtet, führt die Einsparung von Geld lediglich zur Einsparung von Produktion und zur künstlichen Aufrechterhaltung von Armut. In Zeiten des Wohlstands, wenn mehr Geld benötigt wird, kommt es dazu, dass Gold als an sich wertvolles Gut gehortet und zu Schmuck verarbeitet wird, während in Zeiten der Depression die Bestände wieder auftauchen und der Schmuck gerade dann eingeschmolzen wird, wenn weniger davon für die Währung benötigt wird.

Der Krieg hat uns die Augen für viele sonderbare Dinge geöffnet. Früher dachte man, dass das Vertrauen des Volkes notwendig sei, damit das Geld zirkulieren könne. Das Vertrauen hat aber nur eine relative Bedeutung, wenn es um gute oder schlechte Münzen oder Scheine geht.

Jetzt, wo das Geld größtenteils weder Münzen noch Scheine darstellt, sondern eine arithmetische Summe, und alles gleichermaßen gesetzliches Zahlungsmittel ist, kann leider auf das Vertrauen der Menschen gänzlich verzichtet werden. Als die Währungen Deutschlands, Österreichs und Russlands während des Krieges stündlich durch die Ausgabe neuen Geldes in gigantischem Umfang entwertet wurden, musste doch immer jemand in Besitz des ganzen Geldes sein, ob er es wollte oder nicht. Den Törichten wurde es überlassen, und die Klugen tauschten es sofort gegen Waren ein und borgten sich von den Törichten, was sie brauchten, wohl wissend, dass bei der Rückzahlung Kapital und Zinsen zusammen weniger wert sein würden als die Hauptsumme, als sie es geliehen hatten. All dies ist lediglich relativ, was die einzelnen Menschen betrifft. Es hat nichts mit dem zu tun, was dem Geld seinen Gesamtwert gibt, dies nämlich ist das virtuelle Vermögen.

Das Bedürfnis der Menschen besteht nicht in so und so vielen Pounds, Shillings und Pence, sondern sie bedürfen vielmehr derartiger Beträge, die es ihnen ermöglichen, das nötige zu kaufen. Gibt es mehr Geld und steigen die Preise, so ist jeder, so sehr er sich auch dagegen wehren mag, praktisch gezwungen mehr Geld bereitzuhalten als vorher, wenn sein Leben so weitergehen soll wie bisher. Zwar könnte das virtuelle Vermögen vorübergehend sinken und die Preise könnten ohne Geldvermehrung steigen, wenn genügend Menschen Grund zu der Annahme hätten, dass eine Inflation bevorstünde. Wie am Ende des Kapitels herausgearbeitet wurde, ist angesichts der immensen Geldmenge kaum anzunehmen, dass sie spürbar sein würde.

Die Schlussfolgerung aus all dem ist, dass die Menschen wohlhabender gemacht werden müssen oder zahlreicher werden müssen, damit sie es sich leisten können, mehr Geld zu besitzen, und damit es möglich ist, diese Menge zu erhöhen, ohne den Wert zu mindern. Die normale Bedingung dafür, dass die Menschen mehr nach Geld verlangen, als nach dem, was man mit Geld kaufen könnte, ist, dass es genügend Waren gibt, die einen Markt mit einem konstanten Preisniveau vorfinden, während die Nachfrage nach ihnen steigt.

Diese Sichtweise auf das Geld hat offensichtliche Ähnlichkeiten und zugleich einige Unterschiede zur sogenannten „Quantitätstheorie des Geldes“*, als deren Weiterentwicklung sie betrachtet werden kann. Diese besagt, dass »die Preise insgesamt proportional zur Menge des Geldes und seiner Umlaufgeschwindigkeit und umgekehrt mit der Warenmenge schwanken müssen«. Es handelt sich dabei natürlich eher um eine Definition als um eine Erklärung des Preises, die

---

* Irving Fisher, THE PURCHASING POWER OF MONEY, S. 18, The Macmillan Company, New York, 1922

eine Reihe von unnötigen und völlig unbestimmbaren Faktoren einbezieht. Erweitert besagt sie, dass der Durchschnittspreis multipliziert mit der Menge der in einer bestimmten Zeit gekauften Waren, d. h. dem gesamten für Waren getauschten Geld, gleich dem gesamten Geld multipliziert mit der Anzahl der Male ist, die es im Durchschnitt in dieser Zeit für Waren getauscht wird. Dies sind zwei unbestimmte Aussagen über zwei konkrete Dinge, denn die Geldmenge und das durchschnittliche Preisniveau oder sein allgemeiner Warenwert sind beide konkreter als die „Umlaufgeschwindigkeit" oder „Warenmenge".

Wenn es nicht darum geht, wie die produzierten Vermögenswerte zwischen einzelnen Personen oder zwischen den Klassen verteilt werden, sondern um die grundsätzliche Frage, wie Produktion und Verteilung ineinandergreifen, dann zählt der einfache Austausch von Eigentum zwischen einzelnen Personen nicht. Der eigentliche Geldumlauf und der Verkauf von Waren können sich auf den Tausch von Arbeits- und Dienstleistungen gegen Geld durch die Zahlung von Löhnen, Gehältern, Dividenden und dergleichen innerhalb der Produktion beschränken (die zu einer Vermehrung der Vermögenswerte führt) und ebenso auf den Tausch des so verdienten oder verteilten Geldes gegen das neu produzierte Vermögensgut (was zu seiner Verteilung führt). Es hätte offensichtlich sein müssen, dass eine bloße algebraische Beziehung zwischen zwei Arten der Preisangabe oder des Geldwerts diesen nicht erklären kann, abgesehen von den physikalischen Faktoren, wie der Zeit, die zur Produktion von Vermögenswerten benötigt wird. Dies stellt eine gesonderte Untersuchung dar.

Das einzige echte Ergebnis der Quantitätstheorie war die etwas vage Schlussfolgerung, dass die Preise proportional zur Geldmenge schwanken, »sofern sich andere Dinge nicht ändern«. Die „Gütermenge" der Quantitätstheorie ist in Wirklichkeit das virtuelle Vermögen und wenn dieses unverändert bleibt, dann sind die Preise proportional zur Geldmenge. Das sind natürlich auch zwei Arten, dasselbe zu sagen, wenn wir mit virtuellem Vermögen alle Güter meinen, die man mit dem Geld zu dem herrschenden Preis kaufen könnte, aber nicht, wenn wir hinter das Maß des virtuellen Vermögens gehen und fragen, warum die Menschen es *vorziehen*, diese Menge an Gütern für Geld *aufzugeben*. Die Geldmenge kann ohne Wertverlust nur dadurch erhöht werden, dass die Menschen mehr nach Geld fragen, es also eher als die Waren bevorzugen.

Die Ausgabe von Geld in Form von fiktiven Krediten zur „Ankurbelung der Produktion" bedeutet, dass der Konsum von Gütern sofort gesteigert wird, deren Erzeugung aber erst nach einer gewissen für ihre Herstellung erforderlichen Zeit steigt. Beim besten Willen können Landwirte und Industrielle ihre Produktion nicht sofort steigern, wenn sie dafür neues Geld als „Kredit" von der Bank erhalten. Es gibt eine bestimmte Zeitspanne zwischen dem Beginn und der Verwirklichung, die in der Tat der Schlüssel des ganzen Problems ist und die bisher völlig ignoriert wurde.

Während der Spanne der Zeitverzögerung erhöht sich der Konsum, ohne dass die Fertigstellung von Vermögenswerten steigt. Dies führt sofort zu einem Mangel an Waren für den Verkauf und steigenden Preisen, sodass die neue Menge an Geld nur so viel kauft, wie die kleinere Menge zuvor. Hinzu kommt ein Abfluss von Gold zur Bezahlung zusätzlicher Importe, um die Knappheit auszugleichen. Es folgt eine erneute Verringerung der Geldmenge, da die Goldbasis des „Kredits" reduziert wird und ein langer und erbitterter Kampf, um die Preise wieder zu senken und zum ursprünglichen Produktionsniveau zurückzukehren, von dem wir ausgegangen sind. Das ist, kurz gesagt, der Grund, warum es schlimmer als nur nutzlos ist, den Banken zu erlauben, Geld zu schöpfen. Das Geld wird benötigt, wenn die Produktion ausgereift ist, nicht als Stimulans, und zu diesem Zeitpunkt sind die Dienste einer Bank überflüssig. Die Aufgabe der Banken besteht darin, Geld zu verleihen und nicht, indem sie vorgeben es zu verleihen, es tatsächlich zu erschaffen. Wenn sich ihre Tätigkeit auf das Verleihen von Geld beschränken würde, wäre alles andere einfach genug.

Nehmen wir an, das ganze Land geht seinen friedlichen Tätigkeiten nach, jeder ist mit seinen eigenen Angelegenheiten beschäftigt und niemand wartet ängstlich auf eine Änderung der Finanzpolitik, wie sie 1921 stattfand – von einer verrückten Inflation zu einer noch verrückteren Deflation – oder wie sie in der entgegengesetzten Richtung für die nahe Zukunft von den Finanzmedizinmännern vorausgesagt wird, nur um den Patienten bloß am Leben zu erhalten. Damit soll gesagt sein, dass wir annehmen, das virtuelle Vermögen des Landes sei einigermaßen konstant, und dass wir betrachten, wie stark die Geldmenge abrupt verändert werden muss, um einen spürbaren Anstieg der Indexzahl, des durchschnittlichen Warenpreises, zu verursachen.

Zur Veranschaulichung nehmen wir die runde Summe von £2.400.000.000 an, die das durchschnittliche Gesamtgeld im Lande seit dem Krieg darstellt. Das sind so viele Millionen Pfund, wie es Zehntel-Pennys im Pfund gibt.* Wir können sofort feststellen, dass zehn Millionen Pfund mehr oder weniger die Durchschnittspreise nur um einen Penny pro Pfund beeinflussen werden, eine Veränderung von weniger als einem halben Prozent, die für den Normalbürger wahrscheinlich nicht wahrnehmbar ist. Um eine Veränderung der Indexzahl von 10 % zu bewirken, wäre eine Ausgabe oder Vernichtung von nicht weniger als £240.000.000 erforderlich.

Es wird nicht geleugnet, dass es zu leichten periodischen Schwankungen des virtuellen Vermögens kommen kann. Aber das gegenwärtige System der

---

* Ich möchte Lt. Col. D. W. Maxwell meinen Dank aussprechen für diese außergewöhnliche Art, diese Frage zu klären, und für andere Vorteile, die sich aus der Lektüre eines seiner Bücher ergeben, die er mir zur Kommentierung und Kritik übersandt hat und welches als Manuskript zur baldigen Veröffentlichung vorliegt.
[Ich erfahre, dass das Buch demnächst unter diesem Titel erscheinen wird: THE PRINCIPAL CAUSE OF UNEMPLOYMENT - F.S.]

Geldknappheit erzeugt und übertreibt sie in einem absurden Ausmaß. Man befreie das Geld von privaten Manipulationen, und jede wirkliche Restwirkung dieses Charakters könnte wahrscheinlich leicht durch eine intelligente Erhebung von Steuern und deren Ausgabe neutralisiert werden.

Wenn man einmal die Macht der Banken und der privaten Finanzleute, Geld zu emittieren, zerstören und ihre Tätigkeit auf rechtmäßige Transaktionen beschränken würde, gäbe es nicht die geringste Schwierigkeit, die Indexzahl so konstant zu halten, dass niemand ihre Veränderung feststellen könnte. Es geht nicht darum, den richtigen Geldbetrag auf eine Million oder gar auf zehn Millionen genau zu ermitteln, denn solche Summen sind in ihrer Wirkung unbedeutend. Solange aber Privatleute Geld für sich schaffen und wieder vernichten lassen können, sobald ihre Ziele erreicht sind, muss der Geldwert launenhaft sein und das Geschäftsleben ein Glücksspiel darstellen. Auf diese Weise werden die Fleißigen und Tüchtigen gegenüber den Glücksspielern zu Minderwertigen degradiert und diejenigen, welche die eigentliche Arbeit in der Welt leisten, sind den Abzockern und Ganoven ausgeliefert. Das moderne Geld stellt eine lebensnotwendige interne Staatsschuld zwischen den einzelnen Bürgern der Gemeinschaft dar, die es ihnen ermöglicht, ihre Waren und Dienstleistungen auszutauschen. Es wird wie eine Angelegenheit zwischen einem cleveren Unternehmer und einem Bankdirektor gehandhabt, die es nach ihrer

Vereinbarung hinter den verschlossenen Türen eines privaten Büros ausgeben oder einziehen.

Zweifellos musste die Demokratie viele Fehler machen, bevor sie die Kunst des Regierens erlernte. Aber dieser elementare Fehler in Bezug auf die Natur eines Geldsystems reicht völlig aus, um ihr Scheitern zu erklären.

V

Wie eine Nation wohlhabend gemacht werden kann

Gehen wir einmal davon aus, obwohl dies noch lange nicht den Tatsachen entspricht, dass unsere Nation wohlhabend werden will, indem sie den Nutzen aller verfügbaren Ressourcen bis an die Grenzen, die ihr der Wissensstand und der Fleiß des Volkes setzen, auszuschöpfen vermag. Wie wäre dies nun machbar? Das Problem ist leichter zu verstehen, wenn wir das Geld zunächst einmal ausklammern und allein die realwirtschaftliche Seite betrachten.

Die erste, für die meisten Menschen erstaunliche Voraussetzung besteht im Konsumverzicht und einer Investition jenes Kapitals, das die Menschen sonst für ihre privaten Bedürfnisse konsumieren würden, in den Ausbau oder die Steigerung des ökonomischen Systems auf eine höhere Leistungsstufe. Dies wird hier verstanden als Mittel zum Zweck und stellt mitnichten die gleiche Art von Enthaltsamkeit dar, wie sie von den Moralisten als dauerhafte Tugend der Entsagung gepredigt wird, in der nebulösen Vorstellung, wenn dies nur lange genug gehandhabt würde, eines Tages wie die Kamele von ihren Höckern zehren zu können, oder, um mit den Ökonomen zu sprechen, von den Schulden der anderen zu leben. Es geht nicht um die Anhäufung von Reichtum, sondern um eine ständige und dauerhafte Steigerung der Produktions- und Konsumtionsrate. Der Konsum *muss* gesteigert werden, sobald die neue Produktionsrate erreicht ist, oder der Endzustand der Nation wird schlechter sein als der vorherige. Die erhöhte Geldmenge muss nicht zu Beginn des Investitionszyklus, sondern abschließend für den Konsum bereitgestellt werden.

Das Problem ist zwar nicht ganz dasselbe wie in Russland, wo der „Fünfjahresplan“ notwendig wurde, aber dennoch ist es ähnlich, denn in den Industrieländern gibt es jetzt einen Überhang an arbeitslosen Fachkräften und Kapital. Bevor der künftige Ertragsstrom dauerhaft für den Konsum erhöht werden kann, muss es eine beständige, nicht rückzahlbare Emission von „flüssigem“ Umlaufkapital geben, um alle halbfertigen Güter zu berücksichtigen, also alle Produktionsphasen in der landwirtschaftlichen und industriellen Erzeugung umfassend. Dieser Punkt scheint unbedeutend, stellt aber den Schlüssel zur Lösung des Problems dar, wie Geld geschaffen werden sollte.

Jedem selbstständigen Fabrikanten oder Landwirt werden diese anfänglichen Ausgaben nicht unwiederbringlich erscheinen. Erstens, weil sie – bevor sie sich aus dem Geschäft zurückziehen – die Lager zu gegebener Zeit zu komplettieren und zu verkaufen suchen, sobald die Produktion ausgereift ist. Zweitens können sie diese Vorräte bei der Kalkulation im Verkaufspreis berücksichtigen, sollten sie ihre Unternehmen im laufenden Betrieb veräußern. Aber aus Sicht der Gemeinschaft ist eine Begrenzung des Wirtschaftssystems auf sein gegenwärtiges Armutsniveau nicht in Betracht zu ziehen, und daher bleiben diese Ausgaben unwiederbringlich. Wir haben unter dem System privatwirtschaftlich von den Banken emittierten Geldes genug vom Aufschwung und dem folgenden Niedergang, von der mühsamen Anstrengung, die Fertigung auf ein höheres Niveau zu bringen, gefolgt von der Entlassung der Arbeiter, damit sie für sich selbst sorgen, und der Einstellung der weiteren Produktion, bis die überschüssigen Bestände fertiggestellt und verkauft sind.

Die Tatsache, dass seine fiktiven Darlehen auf diese Weise zurückgezahlt werden können, macht den Reiz für den Bankier aus. Er wird in der Regel keine „Kredite" für dauerhafte Kapitalaufwendungen schaffen, da es sich dabei um uneinbringliche Ausgaben handelt. Er weiß jedoch, dass das Geld, wenn es für die Steigerung der Produktion von Konsumgütern ausgegeben wird, diese Güter zu gegebener Zeit reifen lassen wird und das, was hineingesteckt wurde, nun wieder abgezogen werden kann. Er verhält sich in dieser Hinsicht genauso wie der einzelne Fabrikant. Es nützt aber überhaupt nichts, ein Wasserversorgungssystem aufzubauen, wenn die Wasser*menge*, die zum Füllen der Rohre notwendig ist, nicht dauerhaft der Nutzung enthoben bleibt und samt den Rohren unter der Erde versenkt liegt. Das eigentliche Wasser fließt zwar immer durch die Rohre, aber eine gewisse Menge bleibt für immer unwiederbringlich dort. Niemand würde es für sinnvoll halten, die

Leitungen immer wieder zu leeren, um sicher zu gehen, ob es noch vorhanden ist, falls die Menschen einmal verdursten sollten. Es hat also nicht den geringsten Sinn, ein Wirtschaftssystem aufzubauen, um einen größeren Warenfluss zu gewährleisten, wenn die flüssigen Vorräte in diesem System der Gnade der Banker ausgeliefert sind, die sie über die Rückzahlung kurzfristiger, fiktiver Kredite wieder entleeren, nur um diese dann an eine andere Partei weiter zu verleihen – und um das Gleiche immer wieder zu tun. Menschen können mit solchen Anfällen und Zufällen nicht leben. Allein ein Ire soll angeblich versucht haben, auf diese Weise von seinem Schwein Speckstreifen zu bekommen, woran das Schwein allerdings verendete.

Wenn es im Durchschnitt ein halbes Jahr von der Aufnahme bis zur Vollendung der Produktion dauert und wir den Vermögensbestand eines Landes dauerhaft verdoppeln wollen, damit es nach einem halben Jahr genau doppelt so viel produzieren und konsumieren kann wie zu Beginn, dann müssen wir die Produktion eines halben Jahres im diesem ursprünglichen Umfang *unwiederbringlich* hineinbringen. Wir können uns die Nation als eine riesige Fabrik vorstellen, die ihre Belegschaft aufstockt, indem sie an einem bestimmten Tag zusätzliche Mitarbeiter einstellt und von diesem Tag an die Produktion verdoppelt. Die Hälfte davon entspricht der normalen früheren Produktion, die sich durch den Verkauf des Produkts bei seiner Reifung bezahlt macht. Die andere Hälfte muss ein halbes Jahr lang weiterlaufen, bis das Produkt verkaufsfertig ist, und kann sich *dann* ebenfalls durch den Verkauf der Erzeugnisse amortisieren. Die zusätzlichen Ausgaben müssen ein halbes Jahr lang getragen werden. Diejenigen, die damit beschäftigt sind, müssen bezahlt werden und verbrauchen die ganze Zeit über den fertigen Vermögenswert. Woher soll er kommen und wer soll ihn bezahlen?

Bezahlt wird dafür sicher, wenn nicht ehrlich, dann unehrlich aus dem virtuellen Vermögen, durch eine entsprechende Reduzierung des Warenwerts einer Geldeinheit. Wenn es nicht ehrlich bezahlt wird, kann jede Hoffnung auf die Aufrechterhaltung eines ehrlichen, unveränderlichen Geldstandards genauso gut sofort aufgegeben werden. Wenn die Ausgaben ordnungsgemäß verbucht werden, wird dies das natürliche Ergebnis sein und nicht, wie derzeit angesehen, ein in der Praxis unmöglich zu verwirklichendes Ideal.

Der weit verbreitete Verfall und die Stockungen, die aus Schwankungen des Geldstandards resultieren, sollten an sich ausreichen, um jedes Wirtschaftssystem als falsch zu verdammen, das von solchen Schwankungen für die Anpassungen zwischen Angebot und Nachfrage abhängt. Die Lösung des wirtschaftlichen Problems liegt in der Vermeidung der kleinen Tricks, die einen Teil der Wirtschaftskosten aus dem allgemeinen Wert des Geldes bezahlen und indem man als erste Voraussetzung für die Lösung festlegt, dass der Wert des Geldes zu diesem Zweck nicht entwertet werden darf. Dann werden wir feststellen, dass unser

Wirtschaftssystem so hartnäckig unflexibel ist, dass es nur eine Antwort auf unser Problem gibt.

Diejenigen, die an der Vorbereitung der neuen Produktionsrate beteiligt sind, müssen durch andere bezahlt werden, die während des Zeitraums, der für die Reifung der neuen Produktionsrate erforderlich ist, in gleichem Maße auf den Konsum verzichten; dann und danach kann jeder im Durchschnitt mit der neuen und erhöhten Produktionsrate konsumieren. Damit dies aber möglich ist, muss das umlaufende Geld entsprechend erhöht werden. Geschieht dies nicht, so ist der ganze Zweck der Produktionssteigerung zunichte gemacht. Die neue Produktionsmenge kann unmöglich mit der alten Geldmenge verteilt werden, wenn ihr Wert unveränderlich bleiben soll. Die Menge des neuen Geldes, die benötigt wird, steht in einem ähnlichen Verhältnis zu der bereits im Umlauf befindlichen Menge wie die Steigerung der Produktion zu der früheren Produktionsrate. Diese Menge, auch wenn sie selbst in der volkswirtschaftlichen Gesamtrechnung eine stattliche Summe darstellt, reicht nicht aus, um die Ausgaben für dic Einführung der neuen Produktionsrate zu decken. Es wäre dasselbe, wenn das Geld auf dem Weg von der Einnahme zur Ausgabe im Durchschnitt so lange benötigen würde, wie die Waren bei ihrer Herstellung. Wahrscheinlich dauert es aber nicht einmal ein Fünftel so lange.

Dies kann durch das einfache Diagramm am Anfang des Buches (siehe Seite 8) verdeutlicht werden. Der Wirtschaftsprozess als kontinuierlicher Kreislauf von Produktion und Konsum kann durch einen Ring dargestellt werden, der in zwei Hälften geteilt ist, wobei die linke Hälfte den Konsum und die rechte Hälfte die Produktion darstellt.

Der im Uhrzeigersinn verlaufende kreisförmige Pfeil steht für den wesentlichen Geldumlauf, im Gegensatz zu vorübergehenden Änderungen in den Eigentumsverhältnissen zwischen einzelnen Konsumenten bzw. Produzenten. Am oberen Ende des Rings symbolisiert der Übergang des Geldes von der Seite des Verbrauchers zur Seite des Produzenten den Kauf neuer Produkte für Konsum und Gebrauch. Der Übergang von der Erzeugerseite zur Verbraucherseite symbolisiert die Zahlung von Löhnen, Gehältern, Dividenden und dergleichen für alle realen oder imaginären Leistungen in der Produktion, d. h. für die Zuführung von neuem Vermögen auf der Erzeugerseite des Systems.

Der professionelle Ökonom, aber oft nicht der Laie, versteht durchaus, dass in der letztendlichen Analyse solche Zahlungen für jede Produktion von Vermögen anfallen. Obwohl ein Betrieb oder eine Fabrik große Ausgaben für den Kauf von Materialien haben kann, entstehen diese Kosten als Lohn und ähnliche Zahlungen in den anderen Fabriken, Feldern oder Bergwerken, von denen die Materialien stammen. Was die professionellen Ökonomen jedoch noch nicht erkannt zu haben scheinen, ist die Tatsache, dass Vermögenswerte heute künstliche menschliche Produkte sind, die durch wissenschaftliche Methoden mit immer größerer Sicherheit und Effizienz hergestellt werden, und dass die alten, verworrenen Vorstellungen aus dem Zeitalter der Knappheit völlig auf den Kopf gestellt sind. Den Wissenschaftlern, die das Problem der Produktion von Vermögenswerten erfolgreich gelöst haben, kann man zugutehalten, dass sie etwas zum Verständnis der wirklichen Natur des Vermögens beigetragen haben. Für sie, wie für jeden, der darüber nachdenkt, ist die Koexistenz von Armut und unfreiwilliger Arbeitslosigkeit ein hinreichendes Indiz dafür, dass der orthodoxe Ökonom seit langer Zeit irgendwo einen entscheidenden Fehler gemacht hat.

Das Diagramm des Wirtschaftssystems, so einfach und schlicht es auch sein mag, macht bestimmte Merkmale deutlich, die oft übersehen werden. Die Konsumenten müssen ebenso mit Geld versorgt werden wie die Produzenten, damit das System richtig funktioniert, denn der eine erhält den anderen in einem endlosen Kreislauf versorgt. Die Unfähigkeit, Güter zu verteilen, ist ebenso eine Ursache für Armut, wie die Unfähigkeit, sie herzustellen. Oder umgekehrt betrachtet: Armut beruht auf der Unfähigkeit, genügend Güter für den nationalen Bedarf zu produzieren und diese Unfähigkeit kann ein echtes technisches Unvermögen sein oder sie kann rein künstlich sein, aufgrund der Unfähigkeit, das zu verteilen, was bereits hergestellt worden ist.

Die Armut in diesem Land ist schon seit langem überwiegend künstlich. Diejenigen, die stets auf der Notwendigkeit bestehen, die Löhne zu senken, beim Verbrauch zu sparen und die Produktion zu steigern, und zwar als allgemeines wirtschaftliches Prinzip und nicht als vorübergehendes Mittel, machen sich die Unkenntnis der Öffentlichkeit über diesen wesentlichen Aspekt des Prozesses zunutze. Sofern sie nicht selbst unwissend sind, sind sie lediglich die Wortführer der Gläubiger- oder Rentierklasse, die versuchen, das Preisniveau zu senken und die reale Last der vergangenen Verschuldung der Nation zu erhöhen. Anderswo scheinen sie diese parteiische Politik leichter zu durchschauen als hierzulande, wo die Öffentlichkeit stets bereit zu sein scheint, jede Härte zu ertragen und jeden Schaden für ihren Handel und ihre Industrie im Interesse „gesunder Finanzen" und der „Aufwertung der britischen Kreditwürdigkeit auf ein höheres Niveau" zu billigen. Dies ist bestenfalls die eine Seite der schwierigen Fragen, die sich stellen, wenn wir den Wert des Währungsstandards schwanken lassen.

Mit einem feststehenden Standard ist das Wirtschaftssystem, wenn es einmal in Gang gekommen ist, stabil bzw. bewahrend und selbstregulierend. Denn wenn die Verbraucher mehr als die übliche Menge kaufen, wird ihr Geld knapp und sie können weniger kaufen, während die Produzenten, die mehr Geld als üblich haben, umso besser in der Lage sind, den Mangel an Waren auszugleichen. Die Gesamtsumme von Gütern und Geld bleibt für jede einzelne Seite des Systems unverändert und der Konsum gleicht die Produktion aus. Um das System in Gang zu setzen oder, was auf dasselbe hinausläuft, seine Produktionskapazität zu erhöhen, muss mehr Geld von der Konsumtionsseite zur Produktionsseite fließen, als durch den regulären Kanal am oberen Ende des Rings und zwar durch eine Methode, bei der keine Waren entnommen werden, die dem Wert des eingehenden Geldes gleichkommen. Dies wird durch die Umgehung symbolisiert, die als Investition gekennzeichnet ist und deren Grund bereits erläutert wurde. Dieses Geld, das über den Bypass hereinkommt und am Ende des Rings wieder herauskommt, bringt Waren in das Produktionssystem, ohne sie herauszunehmen, was zur Folge hat, dass die Menge der Waren im Produktionssystem kontinuierlich steigt, während diese Investition andauert.

Nach der Zeitspanne, die der natürlichen Reifezeit der Produktion entspricht, kann die Verteilungsrate des Vermögens an der Spitze des Rings dauerhaft aufgestockt werden, ohne dass weitere Investitionen erforderlich sind. Wir kommen nun zum Kern des Vorgangs. Wenn also die Verbraucher *dann* nicht über das zusätzliche Geld verfügen, um die zusätzlichen Warenströme zu kaufen, können diese nicht verkauft werden. Es entsteht eine Schwemme. Die Industrie ist mit Waren überversorgt und muss zwangsläufig die Produktion reduzieren. Nicht nur die zusätzlich eingestellten Arbeitskräfte müssen wieder entlassen werden, sondern auch ein Teil der ursprünglichen Kräfte, bis die durch den Investitionsprozess in das System eingebrachten zusätzlichen Warenbestände im alten Umfang verteilt sind. Auf die fetten Jahre würden magere Jahre folgen, und zwar nicht wegen eines Versagens in der Produktion, sondern wegen des Versagens in der Verteilung, selbst bei einem unveränderlichen Geldstandard, es sei denn, es wird neues Geld emittiert, um die erhöhte Erzeugung aufzukaufen.

Es ist offensichtlich absurd, eine Ernte zu erwarten, bevor man die Saat gesät hat. Ebenso absurd ist es, neues Geld zu emittieren, um die Produktion zu steigern. Es ist leicht zu erkennen, was passieren muss, wenn der Versuch des Systems, den Fehler durch steigende Preise auszugleichen, verhindert oder „korrigiert" wird. In unserem Diagramm entspricht dies der Schaffung von mehr Geld auf der Seite der Produzenten, das als Lohn ausgezahlt und fast sofort in fertige Vermögenswerte umgetauscht wird, mit der Folge, dass die Bestände letzterer aus dem System verschwinden und nur unfertige Zwischenbestände auf der ersten Stufe der Produktion hinzukommen. Dieser Mangel an fertigen Vermögenswerten ist nicht vorübergehend, sondern dauerhaft. Die einzige Möglichkeit, diesen Mangel auszugleichen, besteht darin, die Preise für die Verbraucher zu erhöhen, bevor die Löhne usw. für die Arbeiter zur Produktion entsprechend angehoben werden. Wenn versucht wird, den Mangel an Waren aus dem Ausland zu kaufen, wird dem Land das Gold entzogen, um die zusätzlichen Importe zu bezahlen, und wenn das Geld auf Goldbasis geschaffen wird, muss die derart emittierte Menge an neuem Geld wieder eingezogen werden. Diese Art der „Unterstützung" der Industrie durch den doppelten Diebstahl in Form „billiger Kredite" ist also nichts anderes als ein Spiel der Katze mit der Maus. Es ist ein Versuch, vor der Saat zu ernten. Und wie das Gesetz schon immer in Bezug auf den einzelnen Falschmünzer festgestellt hat, ist es nicht nur ein Diebstahl in Höhe der gefälschten Summe, sondern ein Hochverrat am Wirtschaftsleben der Nation.

Damit sind wir bei der *reductio ad absurdum* in der Verwechslung von nationalem und individuellem Vermögen angelangt. Vermögen ist für die Nation etwas zum Gebrauch und zum Verbrauch in der Aufrechterhaltung des Lebens. Für den einzelnen Vermögenden ist es etwas, das er gegen Zinsen verleihen kann und stellt somit für den Gläubiger dieser Schulden eine ständige Einkommensquelle dar. Geld wird individuelles Vermögen. Es ist also etwas, das man gegen Zinsen verleihen kann, und es wäre „verschwenderisch", diese Quelle des „Vermögens" bei seiner Emission nicht zu nutzen. Der Verleih von Geld gegen Zinsen sei also das legitime Geschäft der Banken. Daher müssen die Banken der Berufsstand sein, dem man die Ausgabe von Geld anvertrauen sollte, da sie es verstehen, diese „Vermögensquelle" so zu nutzen, dass sie nicht „verschwendet" wird. Das Ergebnis ist, dass die Gemeinschaft sich einander die Waren, deren Gegenwert ihr Geld ist, nur unter der Bedingung und als bloße Folge davon schulden kann, dass bestimmte Privatpersonen bereit sind, den Banken ihren Zinssatz auf die Geldschuld zu zahlen, die die Individuen der Gemeinschaft sich gegenseitig schulden. Bevor neues Geld emittiert werden kann, muss eine private Einrichtung an eine Bank Zinsen für jene

Schulden zahlen, die die einzelnen Mitglieder der Gemeinschaft sich untereinander schulden.

In einem Punkt wäre die Falschmünzerei, wenn sie nicht entdeckt werden und dabei zugleich in genauen Grenzen gehalten werden könnte, diesem System vorzuziehen. Denn wie erst jetzt von Leuten, die keine professionellen Finanziers sind, erkannt wird, ist das Geld der Nation sozusagen ein bloßes Nebenprodukt von Geldverleihern, welche das verleihen, was sie gar nicht zu verleihen haben, und infolgedessen immer sehr nervös sind, was die *Rückzahlung* angeht. Das Geld wird überhaupt nicht als Staatsschuld betrachtet, sondern als rein private Schuld. Um diejenigen zu befriedigen, die vorgeben, es verliehen zu haben, muss es in regelmäßigen Abständen dem produktiven System entzogen werden, und anstelle einer lebendigen Industrie bleibt der Gesellschaft der tote Leichnam.

Für den Bankier ist das sehr befriedigend. Er schafft und vernichtet das Geld der Nation, als ob es sein eigenes wäre. Er kann das Yard, das Pfund und die Gallone entsprechend größer oder kleiner machen. Er verhöhnt offen das Gesetz und missachtet das schöne Geschenk der Wissenschaft an die Menschheit. Damit nicht genug! Es darf niemanden geben, der die neue Macht herausfordert. Das Haupt des Königs musste vom nationalen Geld gestrichen und durch das absurde „Zahlungsversprechen“ ersetzt werden. Von allen Regierungsformen, zu denen Unwissenheit die unglücklichen Völker verdammt hat, ist die Demokratie in ihrer gegenwärtigen Lage sicherlich die dümmste und schlimmste.

VI

Weitere Vorschläge

Es ist bezeichnend für unser Zeitalter, eindeutige und unangenehme Wahrheiten für uninteressant zu halten. Vielmehr sind doch Hindernisse, die umgangen und überwunden werden müssen und Einschränkungen des Strebens nach der Souveränität des Geistes über die Materie der wesentliche Rahmen, von dem eben diese Souveränität abhängt. Die großen Fortschritte im Bereich des positiven Wissens der letzten Jahrhunderte müssen noch angemessen in die Lehrpläne als deren Rahmen eingearbeitet werden und dürfen nicht nur als Wäscheständer für literarische, mathematische und philosophische Stickereien dienen. In der Wissenschaft ist in dieser Hinsicht ein Rückschritt festzustellen – eine alarmierende Tendenz, nackte Tatsachen mit einem Spinngewebe aus eleganten Fantasien und Mystizismus zu umhüllen, um die öffentliche Nachfrage nach dieser Art von Verkleidung zu befriedigen. Wir wissen mehr als in jedem anderen Zeitalter über die Bedingungen, unter denen wir die Welt beherrschen, und es wird uns vorgegaukelt, dass wir „eigentlich" gar nichts wissen! Es gibt keine größere Wolke der Mystifizierung und des Irrglaubens als die des Geldes. Der „Kredit" wird von einem Teil der Öffentlichkeit als eine Art magischer Talisman betrachtet, mit dem man sich der Pflicht entziehen kann, zu säen, um zu ernten. Dies zieht sich sogar durch die „Neue Ökonomik" .

Alle „Neuen Ökonomen" vertreten die in diesem Buch dargelegte Doktrin, dass das Zeitalter der wirtschaftlichen Knappheit vorbei ist und bereits durch ein potenzielles Zeitalter des Überflusses ersetzt wurde. Sie ist hierzulande mit dem Namen von Major Douglas verbunden, dessen Nachkriegsschriften* vielen die Augen für die unbestreitbare Wahrheit öffneten, dass die heutige Armut eher auf einen Mangel an Verteilung als auf eine materielle Unfähigkeit, das Notwendige zu produzieren, zurückzuführen ist. Vor ihm waren es Arthur Kitson in unserem Land und Silvio Gesell in der Schweiz und in Deutschland gewesen, die über viele Jahre hinweg mehr oder weniger vergeblich versuchten, die Öffentlichkeit für die lebenswichtige Bedeutung von Währungsfragen und die Nachteile des Goldstandards als willkürliche und unnötige Einschränkung der Wohlstandsproduktion zu interessieren.**

Leider treibt die Douglas-Schule unter dem Begriff „Social Credit" die weit verbreiteten Irrtümer in Bezug auf diesen magischen Talisman bis an die Grenze menschlicher Glaubwürdigkeit.

Über die Fakten kann es keinen ernsthaften Disput geben. Alle „New Economists" stimmen mit der

---

* Major C. H. Douglas, Economic Democracy und Credit Power and Democracy, Cecil Palmer, 1920

** Eine umfangreiche Literatur, die sich mit diesen Fragen befasst, findet sich unter C. M. Hattersley, This Age of Plenty, Anhang K

Diagnose von Major Douglas[11] überein, um es mehr oder minder mit seinen eigenen Worten zu sagen, dass die Verbraucher immer weniger in der Lage seien, die Gesamtheit der möglichen Industrieproduktion zu erwerben und daher mehr Geld in den Taschen der Verbraucher das Heilmittel wäre. Was jedoch die Gründe für diesen Geldmangel und die Methode zu seiner Behebung betrifft, so scheinen die Theorien der Douglas-Schule weder auf Tatsachen noch auf der Realität zu beruhen. Sie argumentieren, dass dies das Ergebnis eines Fehlers im Preissystem* ist und der Mangel an „Verbraucherkrediten" das Ergebnis einer Anhäufung von Zusatzaufwendungen für Zinsen und für die Erstausstattung mit Kapital ist. Sie raten dazu, einen Teil der Herstellungskosten durch die Ausgabe von „Sozialkrediten" an die Verkäufer zu decken, damit die Waren unter dem Selbstkostenpreis verkauft werden können.

Natürlich muss man sich darüber im Klaren sein, dass, wenn alle Hoffnung auf die Aufrechterhaltung eines stabilen Geldstandards aufgegeben wird, es eine mögliche Lösung ist, die Mängel der Situation durch eine fortschreitende und kontinuierliche Inflation und Entwertung des Geldwertes zu beheben. Diese Reformer bestreiten, dass dies die notwendige Folge ihrer Vorschläge wäre und argumentieren, dies durch geeignete Anordnungen oder gesetzliche Erlasse

[11] A.d.Ü.: Soddy beschäftigt sich in dieser Zeit intensiv mit der *New-Europe*-Gruppe, in der auch Douglas aktiv ist (vergleiche dazu auch die in diesem Verlag veröffentlichte Biographie zu Soddy).

* P. W. Martin, THE FLAW IN THE PRICE SYSTEM, P. S. King, 1924

„verhindern“ zu können. Aber diese Geste wird für diejenigen, die bereit sind, die Angelegenheit zu durchdenken, genauso viel Gewicht haben, wie die berühmte Geste König Knut des Großen gegenüber seinen Hofleuten, als er, um ihnen zu demonstrieren, was für Dummköpfe sie waren, am Meeresufer saß und der steigenden Flut befahl, sich zurückzuziehen.

Die Vernachlässigung dieses Punktes scheint den meisten sozialen und politischen Kontroversen zugrunde zu liegen, somit kann gar nicht genug betont werden, dass die Produktion von Vermögensgütern gleichermaßen den Konsum erfordert, unabhängig davon, ob die Produzenten Kapital oder Konsumgüter herstellen. Wie im obigen Schaubild erläutert, wird das gesamte fixe Anlagenkapital durch Umgehung des Geldes in den produktiven Bereich gesetzt und dieses Kapital kommt nie wieder zurück. Das gesamte liquide Kapital auf dieser Seite muss auf die gleiche Weise eingesetzt werden, und obwohl das, was eingesetzt wird, immer wieder zurück kommt, wird eine bestimmte *Menge* davon niemals wieder erlöst und muss daher als fixes Kapital behandelt werden.

Um den Irrtum des ersten Arguments zu entlarven, nehmen wir zur Veranschaulichung an, dass die eine Hälfte des Geldes, das vom Produktionssystem ausgegeben wird, in die Herstellung fixen Anlagekapitals fließt und die andere Hälfte in die Produktion von „konsumierbaren“ Gütern, d. h. die einzige Art von Gütern, die die Öffentlichkeit nutzen oder konsumieren kann. Von dem Geld, das an die Verbraucher geht, wird die eine Hälfte reinvestiert und die andere Hälfte beschafft die zum Verkauf stehenden Waren. Die Hälfte des Geldes reicht aus, um die Hälfte der Produktion zu kaufen, welche die einzig kaufbare Hälfte darstellt. Es gibt weder einen Anstieg der Preise noch einen Fehler im Preissystem. Oder nehmen wir an, dass aufgrund der ständigen Anhäufung von Zusatzkosten die Hälfte des an die Verbraucher gezahlten Geldes aus Löhnen besteht und die andere Hälfte aus Dividenden. Dadurch ändert sich zwar die Verteilung der Produktion auf die einzelnen Personen, nicht aber die Gesamtbeträge, die geltend gemacht werden. Es kann und wird wahrscheinlich unter den gegenwärtigen Bedingungen zu einer Überproduktion von Investitionsgütern im Gegensatz zu Konsumgütern führen. Aber die vage Behauptung, dass die „Absorption“ des Geldes durch die Zahlung von Zinsen und anderen Gebühren die Verbraucher davon abhält, das gesamte Produkt zu kaufen, ist nicht wahr.

Der wahre Grund dafür ist bereits genannt worden. Wenn die Investoren durch echte Investitionen ermöglicht haben, dass die Vorbereitungsphase in der Produktion von Verbrauchsgütern aufrecht erhalten werden kann, bis das Produkt auf den Markt kommt, wird das Geld, das nur für den Kauf des ursprünglichen Produkts ausreichte, nun auf der Seite der Verbraucher nicht mehr ausreichen, um die gesteigerte Produktion abzukaufen, es sei denn, die Preise fallen. Die orthodoxen Experten betrachten offenbar einen solchen Absturz als natürliche „Korrektur“, während er die gesamte Gemeinschaft völlig aus dem Gleichgewicht bringt. In den modernen Demokratien, deren Finanzen ein reines Geldverleihsystem sind, gibt es niemanden, der Geld an die Verbraucher ausgibt, sollte es mehr zu konsumieren geben. Es ist genau in diesem Moment, an dem es nach dem Katz-und-Maus-System wieder entzogen wird.

Die Idee, einen Teil der Produktionskosten durch die Ausgabe von „Sozialkrediten“ oder, um nicht mystisch zu sein, durch die Emission neuen Geldes zu decken, ist eindeutig eine Schimäre. Bei einer solchen Regelung würde die Geldmenge nicht mit der Produktionsrate, sondern mit der Gesamtheit der gekauften und verkauften Waren zunehmen, d. h. kontinuierlich, unabhängig davon, ob die Produktion steigt oder nicht. Einmal emittiertes Geld, das nicht mehr vernichtet oder eingezogen wird, wirkt für immer weiter.

Der Irrtum scheint in der Annahme zu liegen, dass der „Sozialkredit“ wie ein „Bankkredit“ bei Rückzahlung eines Darlehens gestrichen werden kann, wenn der Verkauf erfolgt ist. Es wäre ein schwacher Trost für den Verkäufer, der unter dem Selbstkostenpreis verkauft und eine staatliche Gutschrift für die Differenz erhalten hat, wenn er feststellen müsste, dass die Gutschrift, nachdem sie ihren Zweck erfüllt hat, wieder aufgehoben wurde. Das größte Hindernis für die Sache der Währungsreform ist die Tatsache, dass solche Irrtümer unter den Reformern selbst immer noch weit verbreitet sind.

Die Ansichten einer der wichtigsten Schulen auf dem Kontinent, die mit dem Namen des 1930 verstorbenen Silvio Gesell verbunden sind, mögen hier kurz erwähnt werden. Sie befürworten eine Währung, deren Wert ständig abnimmt, und zwar nicht durch die einfache Methode der progressiven Inflation, sondern dadurch, dass es gesetzlich gefordert wird, die Wertscheine regelmäßig mit Stempeln zu versehen, ähnlich wie wir es bei Versicherungskarten tun müssen, um sie aktuell zu halten. Sie scheinen kaum über die Vorstellung des Geldes als Wertzeichen hinauszukommen und sind sich offenbar nicht der Existenz fiktiver Kredite und ihrer natürlichen Folgen bewusst. Zwar hat das Schecksystem im Ausland noch nicht die beherrschende Stellung erlangt, die es hierzulande innehat, aber überall scheint es rasch zu wachsen.

Sie argumentieren ferner, das Geld halte, weil es unvergänglich ist, die Industrie in einem unredlichen Würgegriff, während die Waren größtenteils verfallen. Der Käufer müsse also nur abwarten und der Produzent sei gezwungen, zum Preis des Käufers zu verkaufen, auch mit Verlust. In der Tat könnte dies in einem staatlichen Währungssystem mit unveränderlichem Wert nicht geschehen. Solange genügend Geld vorhanden wäre, um die gesamte Produktmenge zu einem konstanten Preisniveau zu kaufen, würde, wenn eine Gruppe von Käufern auf den Kauf verzichtet und auf einen Preisverfall wartet, eine andere Gruppe stattdessen kaufen. Das ist genauso wie bei der Inflation, bei der sich der Käufer bekanntlich dem

Preisanstieg nicht entziehen kann. Die Erzeuger erhalten nämlich das Recht, zu einem konstanten und unveränderlichen durchschnittlichen Preisniveau zu verkaufen. Eine generelle Unverkäuflichkeit, im Gegensatz zur relativen Unverkäuflichkeit durch die Bevorzugung anderer Waren durch das Publikum, könne nicht eintreten. Menschen, die Dinge in Hülle und Fülle wollen, verlangen Unmögliches, wenn sie diese auch gleichzeitig so billig haben wollen, dass es sich für die Hersteller nicht lohnt, sie herzustellen.

Soweit eine offene Kritik an unserem Währungssystem von den offiziellen Vertretern der Armen und Ausgebeuteten dieses Landes geäußert worden ist, beschränkte sich die Kritik darauf, dass das System alle Arten unsozialer Umtriebe und Glücksspiele ebenso fördere, wie legale Unternehmen. Sie sind dabei nicht über Schemata zur Klassifizierung von „Krediten“ hinausgekommen, in denen sie diese zu Nominalzinsen aufrichtigen Eigenproduzenten gewähren und wiederum anderen zu Zinssätzen, die mit dem unsozialen Charakter des Zwecks steigen. Dies scheint der Versuch zu sein, einen Mechanismus moralisch zu diskriminieren und stellt sich als ebenso praktikabel dar, wie der Versuch, einen Zug zu erfinden, der nur dann fährt, wenn sein Fahrgast, wie auch sein Fahrer unbescholten sind, oder eine Waffe, die nur die Verursacher und nicht die Opfer eines Krieges vernichtet.

Ein Geldsystem sollte, wie eine zuverlässige Waage, ein einfacher Mechanismus zur korrekten Buchführung sein und für eine schnelle und ungehinderte Verteilung von allem, was die Gemeinschaft produzieren kann, zur Verfügung stehen und nicht eines, das eine Klasse auf Kosten einer anderen begünstigt. Die Beschränkung fiktiver Kredite auf würdige Zwecke ist bestenfalls das Tun von Bösem in der Hoffnung, dass Gutes dabei herauskommen möge – das Ergebnis wäre nur Elend. Geld ist ein verbindlicher Gesellschaftsvertrag und darf ebenso wenig heimtückisch aufgekündigt werden wie jeder andere Geschäftsvertrag.

Der einfache Mann wird weder mit dem Unternehmer sympathisieren, der zur Finanzierung seiner Produktion alle außer seiner eigenen Klasse schädigt, indem er deren Einkommen in Waren weniger wert macht, noch mit einer Schicht von Rentiers, die ihr festes Geldeinkommen aufwerten will. Die schlichte Rechtmäßigkeit besteht darin, dass weder das eine noch das andere erlaubt sein sollte und der Staat selbst echtes Geld zu einem Kurs ausgeben müsste, der den Durchschnittspreis der Waren oder den Preisindex von einem Jahrhundert zum nächsten konstant hält.

Sogenannte „Praktiker" sind der Ansicht, dass, so unwiderlegbar die Argumente gegen privates Geld auch sein mögen, die Interessen der Banken an dessen Ausgabe und Vernichtung in kolossalem Ausmaß so stark sind und die Macht, die sie jetzt in der Gemeinschaft ausüben, so unanfechtbar ist, dass es reine Zeitverschwendung wäre, für eine Reform einzutreten, die diese Interessen in irgendeiner Weise beeinträchtigen könnte. In diesem Buch wird die Auffassung vertreten, dass ein Kompromiss in dieser

Frage *nicht* praktikabel ist, ebenso wenig wie in der Frage der Manipulation von Maß- und Gewichtsnormen. Wenn es einigen Leuten erlaubt wäre, diese Normen nach ihrem Gutdünken abzustimmen, könnten alle anderen genauso gut ganz aus dem Geschäft verschwinden. Wenn man es also einigen Leuten gestattet, Geld zu emittieren und wieder zu vernichten, dann können alle anderen auch gleich jeden Gedanken an wirtschaftliche Unabhängigkeit und Freiheit aufgeben, um sich zu den bestmöglichen Bedingungen denjenigen anzudienen, die diese Macht erhalten haben. Es kann nicht zwei Oberhäupter in einem Staat geben – das Volk muss sich zwischen dem Parlament und den Banken entscheiden.

VII

Über die Weltwirtschaft

Die meisten unvoreingenommenen Menschen würden zustimmen, dass ein nationales Währungssystem in der dargestellten Form eine Verbesserung gegenüber dem bestehenden System darstellen könnte, bezweifeln aber, dass ein Land es ohne die anderen einführen könne und sprechen sich tatsächlich dafür aus, dass die Währungsreform eher international als national sein müsste. Wenn wir diesen Einwand hinterfragen, werden wir kaum eine Rechtfertigung dafür finden. Jedes Land hat heute sein eigenes System; sie sind alle unterschiedlich, und wenn es eine Reform geben soll, muss ein Land den Weg weisen und würde von seiner Initiative profitieren. Nach fünfzehnjährigem Aufenthalt in Schottland verließ der Autor das Land mit der Ansicht, dass die anerkannten guten Eigenschaften der Schotten, die allgemein ihrem Charakter und ihren moralischen Tugenden zugeschrieben werden, mindestens ebenso sehr das Ergebnis der Tatsache sind, dass sie vor einem Jahrhundert dem Rest der Welt in ihrem Bankensystem voraus waren und ein System der Geldemission durch die Banken entsprechend ihren Bedürfnissen entwickelt hatten. Jetzt, da sie der zentralisierten internationalen Geldmacht unterworfen sind, ist ihr früherer Vorteil gegenwärtig zu einem Handicap geworden, sodass in Wahrheit jetzt, wenn man die Grenze überschreitet, nicht mehr viel von einer gewissen wirtschaftlichen Freiheit oder gar Unabhängigkeit Schottlands, sondern immer mehr das Gegenteil zu sehen ist. Sie geben ein Beispiel für die These, dass die wirtschaftliche Basis die Grundlage aller nationalen Größe ist und rechtfertigen damit den Gegenstand dieses Buches.

Es ist wahr, dass dieses Land für den größten Teil seiner Lebensmittelversorgung vom Außenhandel abhängig ist. Jedes Währungssystem, das diese Versorgung beeinträchtigt, würde verteufelt werden, wie sehr es auch den Binnenhandel erleichtern könnte. Aber in welcher Weise ein ehrliches Geldsystem dem Außenhandel schaden könnte, bleibt der Phantasie überlassen. Es ist ein Einwand, der dazu dient, die Ängstlichen zu verschrecken. Denn was die anderen Länder am Geld einer Nation interessiert, ist nicht, wie es emittiert wird, sondern was es in Waren wert ist. Ein Geld, das in Bezug auf Waren im Allgemeinen unveränderlich ist, ist genau die Art, die den Außenhandel ebenso erleichtert wie den Handel im Inland.

Was hier vorgelegt wird, ist die moderne Methode, die aufgrund der Entwicklung einer statistischen Ökonomie und der Verwendung von Indexzahlen nun das zu erreichen vermag, was man mit dem alten Goldstandard erfolglos zu tun versuchte. Wie Irving Fisher ausführlich dargelegt hat, war der Warenwert des Goldes im letzten Jahrhundert äußerst unbeständig und dies hatte verheerendste soziale Folgen.

Das eigentliche Argument gegen Reformen ist hier genau dasselbe wie gegen jede Reform: Sie zerstört mit der Zeit die Grundlagen der alten Zivilisationen, die im Wesentlichen auf Armut als Los der Mehrheit beruhen. So außerordentlich schwierig und verworren die internationalen Wirtschaftsprobleme im Hinblick auf die aus dem vergangenen Zeitalter der Knappheit stammende Denkweise sind, so klar und kompromisslos sind sie im Hinblick auf die Neue Ökonomik. Denn derselbe allgemeine Gesichtspunkt, der unsere innerstaatliche Wirtschaftslage erhellt und verdeutlicht, lässt sich mit noch größerer Direktheit und Bestimmtheit auf internationale Fragen anwenden.

Wenn es nur darum ginge, dass dieses Land alle von ihm benötigten Waren aus dem Ausland im Austausch gegen gleichwertige exportierte Waren erhält, gäbe es keinerlei Schwierigkeiten. Das Währungssystem, das unseren Industrien erlaubt, bei konstantem Preisniveau mit voller Kraft zu arbeiten, würde auch den Tausch dieser Waren gegen ausländische Produkte anregen. Um eine geringfügige Bilanz des internationalen Handels zu korrigieren, könnte Gold verwendet werden – das wäre in der Tat sein einziger verbleibender Verwendungszweck als Geld – und es könnten, falls erforderlich, einfache Maßnahmen ergriffen werden, um die Goldreserven eines jeden Landes innerhalb bestimmter Grenzen zu halten.

Die Schwierigkeit ist eine ganz andere eine weitaus unheilvollere. Es ist nicht diese Art von Export- oder Tauschhandel, über den sich die politische Welt beunruhigt und zu dessen Stärkung sie vorschlägt, die Grundsätze des Freihandels über Bord zu werfen und Zollschranken gegen das Ausland und Vorteile innerhalb des Reiches einzuführen. Es ist die Art in der unsere Warenüberschüsse ins Ausland verkauft werden können, *ohne* dass Waren zurückkommen, um sie zu bezahlen, wodurch bisher zinstragende Schulden für den zukünftigen Unterhalt der wohlhabenden Klassen im Inland entstehen.

Was den normalen Bürger betrifft, so wäre der Nation ohne das meiste, was als Außenhandel angesehen wird, wesentlich mehr gedient. Bekanntlich wird das in diesem Land von den Banken so leicht geschaffene Geld zu einem großen Teil sofort in andere Länder transferiert, was zu Verwerfungen an den ausländischen Börsen führt, für Transaktionen, die nichts mit Waren oder *echtem* Handel zu tun haben – sei es, um von einer Panik oder einem Aufruhr an einer ausländischen Börse zu profitieren. Man sollte jedem Spekulanten einen Riegel vorschieben, der nach Geld verlangt, welches ihm direkt aus den Taschen der wirklichen Eigentümer gegeben wird, nur um damit zu spekulieren. Die Auslandsgeschäfte müssen auf echten Tauschhandel und redliche Investitionen beschränkt werden – das Problem der Devisenmärkte und der internationalen Beziehungen im Allgemeinen würde sich dadurch wesentlich vereinfachen. Das ist genau das, was ein nationales Währungssystem natürlicherweise tun würde.

Wenn das, was man als „Aufbruchsgeist"[12] bezeichnen kann, in der nationalen Wirtschaft zu Stau und Stillstand führt, so ist es in der internationalen Wirtschaft eine ständige Gefahr für den Weltfrieden. In den inneren Angelegenheiten ist der nächste Schritt, sobald das Wirtschaftssystem wieder voll funktionsfähig ist, der Umgang mit der wachsenden Last der Kapitalverschuldung und die Sicherung des Kapitals für die Nation aus den Steuereinnahmen, sodass es, wenn es veraltet, für seinen kontinuierlichen Ersatz durch neues Platz macht. Wenn man dies auf die internationale Wirtschaft anwendet, dürfen wir uns in Zukunft nicht auf eine Fortsetzung einer „günstigen Handelsbilanz" und des Kapitalexports freuen, sondern können eine Rückzahlung enormer Gesamtschulden erwarten, die die neueren Länder gegenüber unserer und anderen Industrienationen eingegangen sind.

Sir Robert Kindersley hat in einer kürzlich vor dem National Savings Movement in Cambridge* gehaltenen Rede einige interessante Statistiken genannt, zu denen er in Bezug auf unser Land gelangt war. Wir erhalten jährlich £300.000.000 an Zinsen und Tilgungsfonds aus ausländischen Investitionen. Vor dem Krieg wurden die Exporte durch die Importe (Waren und Dienstleistungen) bezahlt oder annähernd bezahlt und der gesamte oder bei weitem größte Teil der Zinsen und Tilgungsfonds, die wir für vorangehende Schulden erhalten haben, wurde im

---

[12] A.d.Ü.: Im Original „starting mentality"

* So berichtet die TIMES vom 20. Sept. 1930.

Ausland wieder angelegt. Er äußerte sein Bedauern darüber, dass nun nur noch die Hälfte zurückfließt. Das Ergebnis, so der Minister, müsse verheerend für unseren Exporthandel sein, »der in der Vergangenheit durch großzügige Investitionen in jenen Ländern, die bereit sind, unsere Produkte abzunehmen, aufgebaut und aufrechterhalten wurde«.

Dieser „Exporthandel" ist also ein sehr merkwürdiger, denn wir exportieren nicht nur die Waren, sondern wir bezahlen sie auch. Der Ausländer kann unsere Waren nur kaufen, wenn unsere Investoren ihm ihre Ersparnisse überlassen, um sie zu kaufen. Die Kapitalverschuldung der übrigen Welt bei uns – die unbekannte Summe, die jährlich £300.000.000 aus Zinsen und Tilgungsfonds einbringt, die vor dem Krieg mit Zinseszinsen wuchs, wobei der gesamte Erlös zur Reinvestition zurückströmt – wächst weiter, aber da nur die Hälfte reinvestiert wird, ist unser „Exporthandel" bereits in Gefahr. Wie es sein wird, wenn sich das Blatt wendet und die neueren Länder selbst industriell tätig und wohlhabend werden und den Wunsch haben, ihre Schulden zu begleichen, darüber macht sich niemand Gedanken.

Eine sorgfältige Untersuchung dieser Tatsachen wird dem denkenden Leser mehr über den wahren Charakter moderner Kriege verraten, als alles, was man von den scheinbar recht unfähigen Vertretern lernen kann, die vorgeblich versuchen, sie zu unterbinden. Sie gehen von einer völlig falschen Annahme aus, dass moderne Kriege auf menschliche Rauflust und Streitbarkeit zurückzuführen sind, dass eine

Nation plötzlich von einer unkontrollierbaren Leidenschaft ergriffen wird, die dazu führt, dass sie ihre Nachbarn angreift und versucht, sie auszurotten. Jeder weiß oder sollte wissen, dass nur unter größten Schwierigkeiten und durch eine gezielte Verbreitung unwahrer und irreführender Propaganda Nationen dazu gebracht werden können, sich gegenseitig den Krieg zu erklären. Wenn ein Krieg einmal begonnen hat, kann man sich darauf verlassen, dass er die Flammen des Hasses und der Rache schürt. Dennoch war es während des letzten Krieges bemerkenswert, wie viele kluge Leute, die sich mit nationaler Psychologie auskannten, mobilisiert werden mussten, um falsche Geschichten zu erfinden und zu verbreiten, um den Kampfgeist der kriegführenden Nationen aufrechtzuerhalten.

Was für eine Industrienation wie die Unsrige gilt, gilt auch für andere. Vermutlich sind auch Deutschland, Frankreich und die Vereinigten Staaten auf eine „günstige Handelsbilanz" aus. Der scheinbar florierende Exporthandel der Industrienationen im letzten Jahrhundert wurde aufgebaut, weil die Waren nicht bezahlt, sondern geschuldet wurden, wie auch der wunderbare wirtschaftliche Wohlstand, den dieses Land während des Krieges erlebte, auf genau denselben Grund zurückzuführen ist. Dies ist die einzige Idee der Vermögenden – noch aus dem Zeitalter der Knappheit abgeleitet – wozu ihr Reichtum da sei, nämlich um es den Bedürftigen gegen Zinsen zu leihen.

Schon das Nachlassen dieses Exporthandels legt unsere Fabriken und Werkstätten lahm und eine Art von Gezeitenwende, die mit der Industrialisierung und der Übernahme wissenschaftlicher Methoden durch die übrige Welt zu erwarten ist, würde »uns mit einer Flut ausländischer Waren überschwemmen«. Somit können wir uns nun darauf einstellen, dass wir immer weniger eigene Arbeitskräfte beschäftigen können. In der Tat sind wir auf diesem Weg in den nationalen Selbstmord* schon ein gutes Stück vorangekommen. Unabhängig davon, ob unsere Auslandsschulden zurückgezahlt werden oder weiter ansteigen, steuern wir auf eine Situation zu, in der eine Rentierklasse im Inland hauptsächlich von den Zinsen oder von der Rückzahlung ausländischer Investitionen lebt und ein immer größerer Teil der Bevölkerung nur noch als deren persönliche Abhängige und Bedienstete und immer weniger von echter produktiver Industrie leben kann.

Wenn ein Schuldner sich weigert, seine Verbindlichkeiten zu begleichen, kann sich der Gläubiger auf die überlegene Macht des Gesetzes berufen, um die Dinge für ihn noch teurer zu machen. Aber wenn ein Schuldnerland sich weigert, seine Schulden bei einem Gläubigerland zu bezahlen, gibt es dafür kein Gesetz. Letztlich ist es eine Frage der Waffengewalt. Wenn die Gläubigernation durch Zölle und dergleichen die Rückzahlung behindert und nicht in der Lage ist, die weitere Anerkennung und Vermehrung der Schulden mit Waffengewalt zu erzwingen, werden die Schulden

---

* vergl. Bernhard Shaw, AN INTELLIGENT WOMEN'S GUIDE TO SOCIALISM AND CAPITALISM, Constable & Co. Ltd., 1928.

früher oder später bei einer günstigen Gelegenheit zurückgewiesen werden. Die Politik der Industriestaaten erfordert also eine immer stärkere Aufrüstung, um die Schuldnerstaaten daran zu hindern, sich ihrer Altschulden zu verweigern oder zu versuchen, diese in Waren zurückzuzahlen!

Nun mag diese Politik einst bewundernswert und für alle Beteiligten vorteilhaft gewesen sein, als ein erster Schritt zur Erschließung von Neuland und zur Versorgung dieser Gebiete mit dem erforderlichen Kapital für die Produktion der von uns benötigten Güter im Austausch gegen ihre Produkte. Aber wenn die Nationen erwarten, dass sie durch diesen Austausch voneinander leben können, ist das nur der Versuch, den Motor dort anzusetzen, wo der Anlasser sein sollte.

Die Länder, die wir und andere Industrienationen mitentwickelt haben, werden erwachsen. Sie konsumieren mehr und mehr ihre eigenen Produkte und stellen mehr und mehr ihr eigenes Kapital her. Schon vor dem Krieg war es ganz offensichtlich, dass mit einem System, das die alten Länder offenbar dazu zwang, ihre Binnenwirtschaft in einem gefährlichen Maße zu vernachlässigen, um riesige Mengen an Vermögen auf Kredit ins Ausland zu exportieren, etwas grundlegend falsch war. Dass Krieg das einzig logische Ende für den Fortbestand dieses Systems ist, muss nun auch dem Kurzsichtigsten klar sein.

Aber die Verantwortlichen für unsere nationalen Geschicke sind nicht kurzsichtig. Sie sind, wie Nelson, auf einem Auge blind und sehen nur das, was sie zu sehen wünschen. Ihre Bedeutung in diesen Angelegenheiten beruht allein auf ihrer einäugigen Hingabe an die herrschende Leidenschaft: Die Frage, wie man in diesen fruchtbaren Tagen der Wissenschaft schnell genug den vergänglichen Besitz in Schulden umwandeln kann, die Bestand haben und Zinsen einbringen. Zweiäugige Menschen dürfen sehr wohl um die Zukunft der Zivilisation in den Händen dieser Menschen bangen.

So ist in den internationalen Beziehungen der grundsätzliche Gegensatz zwischen den Erfordernissen einer wissenschaftlichen Zivilisation und dem Zeitalter des Überflusses, das sie einleiten würde, einerseits und andererseits der älteren Mentalität und Lebensweise, die aus dem Prinzip der Knappheit hervorgeht, noch kompromissloser und deutlicher als in den inneren Angelegenheiten. Man kann es auf einen einfachen Nenner bringen: Wie es in einem Zeitalter des Überflusses keine Schuldner geben muss, so braucht es auch keine Gläubiger mehr. Die Welt kann, wenn sie es will, ihren Lebensunterhalt selbst bestreiten. Da der Wohlstand immer reichlicher wird, wird die Quelle des Lebensunterhalts der Wohlhabenden aus dem Verleih und der Vermietung von Vermögenswerten tendenziell versiegen. Das Jahrtausend, das die Wissenschaft anempfiehlt, ist nicht eines, in dem Überarbeitung, Unterernährung und Überbevölkerung aufgrund der schwindelerregenden Tugenden des Zinseszinses durch eine ausreichende Anhäufung von Schulden ein Ende haben werden, sondern eines, in dem alle wirtschaftlich frei sind, damit niemand gezwungen ist, sich für den Gewinn anderer zu verschulden oder sich als Arbeitskraft zu verdingen.

Die bestehende Plutokratie oder Aristokratie der Gläubiger kann nur ein Übergangsstadium zwischen dem Alten und dem Neuen sein. Sie ist bei weitem nicht so sicher etabliert wie die alte Landaristokratie, die sie so rücksichtslos verdrängt hat. Denn die Welt kann nicht auf die Dauer in Armut gehalten werden, indem man in Friedenszeiten die Produktion finanziell einschränkt und nur im Krieg in vollem Umfang für die Zerstörung arbeiten lässt.

Die Partei-Ökonomie, sei es die des Kapitals oder der Arbeiterschaft, wird einer nationalen und internationalen Ökonomie weichen müssen, die nicht mit dem Erreichen ihres eigentlichen Zwecks endet. Alternativ, so scheint es, werden die weißen Völker durch interne Kämpfe von immer größerem Ausmaß oder an ihrer Zerstörungswut zerfallen und die Zivilisation, die sie eingeleitet haben, an denjenigen abgeben, der dann noch am Leben sein mag. Jetzt, wo die Grundsätze und die Praxis der Wissenschaft so weit verbreitet sind, scheint es unwahrscheinlich, dass die Welt jemals wieder gänzlich in eine unwissenschaftliche Wirtschaftsweise zurückfallen könnte.

VIII

Praktische Maßnahmen

Wenn die in den vorangegangenen Kapiteln dargelegten Grundsätze richtig verstanden würden, dürfte ihre tatsächliche Anwendung auf die bestehenden Verhältnisse in der Welt für kompetente Gesetzgeber und Verwaltungsbeamte keine schwierige Aufgabe darstellen. Dafür hat der Verfasser natürlich kein Mandat, aber es scheint angebracht, die Art der Maßnahmen, die ihm ratsam erscheinen, kurz darzulegen – mehr zur Veranschaulichung der Prinzipien, nicht aber als die besten oder einzigen, die geeignet wären. Es ist unvermeidlich, dass die britische Nation mit ihrer Vorliebe für Kompromisse und ihrer Unfähigkeit zu lernen, außer durch tatsächliche Widrigkeiten und kostspielige Erfahrungen, dazu bestimmt ist, viele Umwege zu gehen, bevor sie gezwungen ist, den direkten Weg einzuschlagen. Für jeden, der sich mit der physischen Realität auskennt, ist der direkte Weg der einzig lohnende.

In erster Linie müssen wir dem System des fiktiven Kredits ein Ende setzen. Machen wir uns den Unterschied zwischen dem falschen und dem echten Kredit klar. Ein echter Kredit wird von jemandem vergeben, der etwas von Wert verkauft. Die Geldmenge bleibt davon unberührt, denn der Verkäufer erhält Geld, auf das der Käufer verzichtet. Wenn der Erstere den Erlös für die notwendigen Waren ausgibt – und für die Bezahlung der Löhne und Gehälter der in der Produktion Tätigen –, dann tut er das, was er durch sein eigenes Handeln bei der Beschaffung ihres Geldes verhindert hat, nämlich dass die ursprünglichen Eigner des Geldes an seiner Stelle handeln. Er bekommt, was er will, und andere Menschen erhalten im Gegenzug sein Eigentum.

Betrachten wir nun das bestehende System in Zeiten der Inflation, wie sie während und nach dem Krieg auftrat, und in Zeiten der Deflation, wie sie derzeit herrscht. Im ersten Fall werden neue „Kredite" schneller vergeben, als die bereits vergebenen zurückgezahlt werden. Jeder, der akzeptable Sicherheiten besitzt, die sich leicht verkaufen lassen und nicht plötzlich an Wert verlieren – und zu diesem Zweck wird eine mündelsichere Anlage wie eine Staatsanleihe bevorzugt –, erhält durch Hinterlegung bei einer Bank und Zahlung des aktuellen Zinssatzes ein „Darlehen" oder einen „Vorschuss" für einen Betrag, der unter dem Nennwert des Sicherheitsgutes liegt. Niemand gibt dabei freiwillig irgendetwas auf, jedoch wird die begünstigte Person von der Bank ermächtigt, sich das Eigentum anderer bis zur Höhe des Kredits anzueignen und das Geld, das jene dafür erhalten, ist eine Ergänzung der bestehenden Geldmenge.

Nehmen wir an, die hinterlegte Sicherheit sei eine Form der Staatsschuld. Die Zinsen werden nach wie vor von der Nation an den Eigentümer des Wertpapiers gezahlt und von diesem an die Bank, bei der es hinterlegt ist, ganz oder teilweise weitergeleitet, um die Zinslast der Bank für das „Darlehen" zu decken. Daraus ergibt sich eine höchst merkwürdige und lehrreiche Situation.

Das von der Bank emittierte neue Geld hätte genau die gleiche Wirkung auf die Preise gehabt, wer auch immer es emittiert hätte. Der Staat handelte, als er in erster Linie von den Eigentümern der Wertpapiere borgte, gerecht gegenüber den Eigentümern des Geldes im Allgemeinen – von daher sollten seine Schulden ihnen gegenüber nicht partiell widerrufen werden, wie es in der Tat der Fall gewesen wäre, hätte der Staat das Geld nicht geliehen, sondern selbst emittiert.

Genau das haben die Banken jetzt getan und wir kommen zu der erstaunlichen Schlussfolgerung, dass der Staat jetzt Zinsen für das Darlehen an die Banken zahlt, weil er den Geldbesitzern genau den Schaden zugefügt hat, für den die Zinsen noch immer gezahlt werden, um ihn zu verhindern. Das Thema Geld und Hochfinanz ist deshalb so unverständlich, weil es sich um Transaktionen wie diese in einem gigantischen Ausmaß handelt, für die sich außerhalb eines Irrenhauses im zwanzigsten Jahrhundert nur schwer eine Analogie oder Entsprechung finden lässt.

Wenn die Aufblähung der Währung auf diese Weise zu weit gegangen ist und infolgedessen die Preise hinreichend steigen, werden alle wirtschaftlichen Beziehungen gestört. Es kommt zu Auseinandersetzungen zwischen Arbeitgebern und Arbeitnehmern und zu einer allgemeinen Forderung nach höheren Löhnen und Gehältern aufgrund der hohen Lebenshaltungskosten. Es gibt eine Anhäufung von neuen Waren, die auf den Markt kommen, und eine zunehmende Konkurrenz um den Verkauf, weil das Geld aufgrund des Preisanstiegs nicht mehr Waren verteilen kann als am Anfang. Das Geld hat jetzt die Peitsche in der Hand und kann seine Bedingungen diktieren. Ungeachtet der Folgen tritt nun die Deflation an die Stelle der Inflation. Bestehende Kredite werden schneller annulliert, als neue ausgegeben werden, wodurch sich die Gesamtgeldmenge verringert.

Dieser Versuch, die Preise und Löhne zu senken, stößt zunächst auf hartnäckigen und aktiven Widerstand. Die Vermögensproduktion wird verlangsamt, und es wird weniger zu den erhöhten Preisen verkauft, als die gleiche Menge zu niedrigeren Preisen. Armut wird nun durch Überfluss und nicht durch Knappheit erzeugt. Immer mehr Beschäftigte in der Industrie werden abgeworben, bis wirtschaftliche Not und Unsicherheit des Auskommens die widerspenstigen Arbeitnehmer dazu zwingt, niedrigere Löhne zu akzeptieren. Das Endergebnis ist die Verarmung der Nation und die Verschärfung der inneren Verhältnisse durch den Streit zwischen Arbeitgebern und Arbeitnehmern und durch die großen Geschäftsverluste, die sich mit denen vergleichen lassen, die entstehen würden, wenn Gewichte und Maße betrügerisch manipuliert werden könnten.

Das moderne Geld ist eine Form der internen Schuld, die gegenüber den Individuen der Gemeinschaft vollstreckbar ist, nicht etwa gegenüber den Personen, die es emittieren.

Die in einer Demokratie verantwortliche Regierung hat ebenso wenig das Recht, Privatpersonen oder Unternehmen zu gestatten, sich die Erlöse aus der Emission von Geld anzueignen, wie die Erlöse aus einer Staatsanleihe*. Mit diesem Vorgehen haben sie ihr Vertrauen missbraucht. Der Verlust des nicht eingeforderten Vermögens für die Nation ist das geringste und unbedeutendste der Übel, die sich aus der Zulassung eines privaten Geldsystems ergeben. Vor dem Tag, an dem das Geld zu seiner heutigen Macht aufstieg, in den Anfängen der demokratischen Parlamente, hätte eine solche Situation, wie sie jetzt besteht, die Unterstützung und Verteidigung keiner Partei gehabt. Sie wäre die Zielscheibe für gebührenden Hohn und Spott jedes einzelnen Volksvertreters gewesen.

Der Fehler war damals in der Tat derselbe wie heute. Das Parlament hatte immer Angst, ausreichend Geld für die Bedürfnisse der Nation zu emittieren, da Gold und Silber und die älteren Methoden zur Verteilung der Erträge für die moderne Produktion nicht mehr ausreichten. Es fürchtete, von den Unwissenden für unmoralisch und betrügerisch gehalten zu werden, wenn es „etwas für umsonst" bekäme – was durch die Emission von modernem Geld gar nicht vermeidbar

---

* Aus Abschnitt 6, Unterabschnitt (I) des Gesetzes von 1928 geht hervor, dass dieser Grundsatz zumindest in Bezug auf die zurückgezogenen Schatzanweisungen berücksichtigt wurde, aber die Formulierung kann eine Reihe von Bedeutungen haben. Der hier hervorgehobene Punkt ist, dass er selbstredend für alles Geld gelten sollte.

ist –, und wenn es zugleich wagen würde, einen Teil der laufenden Kosten auf diese Weise zu bestreiten, anstatt durch die „ehrliche“ Methode der Besteuerung. Damals war es jedoch ebenso wichtig, dass keine private Bank oder Firma etwas tat, was von der Öffentlichkeit als unmoralisch und betrügerisch angesehen werden würde. Daraufhin wurde das Schecksystem erfunden, welches diese unmögliche Situation entschärfte, indem es den Banken ermöglichte, ohne Wissen der Öffentlichkeit das Geld zu emittieren, welches das Parlament selbst nicht offen zu emittieren wagte. Nun sind die Interessen an dieser Praxis so gigantisch, dass sie jede öffentliche Diskussion zu diesem Thema, die ihnen nicht genehm ist, weitgehend unterdrücken können.

Die von den Banken ausgegebenen zweitausend Millionen oder mehr Pfund Sterling durch nationales Geld zu ersetzen, ist ein Akt verspäteter Gerechtigkeit für die Gemeinschaft, und wenn diese Generation nicht den Mut hat, ihn durchzusetzen, können wir sicher sein, dass eine aufgeklärtere zukünftige Generation dies tun wird. Die Vernunft gebietet uns, es zu tun – je eher, desto besser. Denn je länger die Maßnahme hinausgezögert wird, desto weniger wird wahrscheinlich für das Geld übrig bleiben. Es braucht einen Schatzkanzler, der seine normale Funktion als Treuhänder der Finanzen der Nation ausübt, falls es keinen speziellen Minister gibt.

Gegenwärtig werden dem Steuerzahler über £100.000.000 jährlich an Zinsen für die Staatsverschuldung entzogen, die über die Eigentümer der

Sicherheiten an die Banken gezahlt werden, welche ihnen zur Deckung übergeben wurden, als Bezahlung der Banken für das, was die Zinsen als Gegenleistung für das Nichtstun darstellen. Der Staat hat sich die Kapitalsumme geliehen und zahlt im Interesse der allgemeinen Gerechtigkeit den anderen Geldbesitzern Zinsen, damit ihr Geld nicht an Wert verliert, wie es der Fall wäre, wenn der Staat statt einer Kreditaufnahme das Geld einfach durch die Druckerpresse herausgegeben hätte. Zwar ist diese Kapitalsumme nicht gedruckt, aber von den Banken als „Kredit" ausgegeben worden, mit genau den gleichen Folgen, als ob der Staat selbst das Geld emittiert hätte. So zahlen die Steuerzahler jährlich über £100.000.000 ohne jegliche Gegenleistung. Mit dieser Absurdität sollte zuerst aufgeräumt werden.

Die Situation ist die, dass eine Geldsumme von mehr als £2.000.000.000 über das tatsächlich verfügbare Geld hinaus im Besitz von Personen auf Girokonten existiert. Angenommen, erstens, dieses Geld werde von der Nation als Darlehen an die Banken für eine kurze Übergangszeit ausgegeben und diese wären fortan gesetzlich gezwungen, Pfund für Pfund an nationalem Geld gegen ihre Verbindlichkeiten gegenüber den Inhabern von Girokonten zu halten. Das neu emittierte Geld würde auf diese Weise in den Banken fixiert, die zum ersten Mal in ihrer Geschichte selbst bei einer plötzlichen und heftigen Finanzpanik solvent wären. Natürlich würden die Banken die Girokonten jetzt nicht unbezahlt weiterführen, sie kämen nun jedoch in die Lage, jedem, der ihre Konditionen für diesen Service nicht akzeptieren wollte, die Geldbeträge wieder auszuzahlen.

Die Sachlage ist somit dergestalt, dass die Banken der Nation also £2.000.000.000 schulden und ihnen diese Summe von der Industrie und anderen Schuldnern auf Abruf oder für kurze Zeiträume geschuldet wird. Wenn diese „Kredite" fällig werden, werden sie nicht erneuert, sondern an die Staatskasse zurückgezahlt und sofort wieder in Umlauf gebracht, indem gleichwertige nationale Wertpapiere zur Annullierung aufgekauft werden. Von nun an müssen alle Bankkredite echt sein, wenn die „Pfund für Pfund"-Klausel wirksam wird.

Was die Betriebe anbelangt, so sind kurzfristige Kredite für die Gemeinschaft genauso verhängnisvoll, wie es für einen Baum verheerend wäre, wenn man diesen von Zeit zu Zeit bis zu den Wurzeln herausziehen würde, nur um zu sehen, ob sie noch in Ordnung sind. Dafür gibt es keine Rechtfertigung, sofern das Geld einen unveränderlichen Wert hat und für die nationalen Bedürfnisse reibungslos und ununterbrochen sorgen soll. Die Wirtschaft kann weder entstehen noch expandieren ohne uneinbringliche Ausgaben in dem bereits erläuterten Sinne, die durch echte Kredite oder aus Steuern finanziert werden müssen. Jedes Unternehmen, mit Ausnahme des Bankwesens, muss über ausreichendes Realkapital verfügen und dieses kann nicht durch die Schaffung von Schulden in den Büchern bereitgestellt werden.

Was die Banken betrifft, so ist es ihre legitime Aufgabe, Geld zu verleihen und nicht zu erschaffen. So schmerzlich die Kritik des Autors für sie auch sein muss, so wäre es doch möglich, dass diese in einem zukünftigen Zeitalter eine Tafel zu seinen Ehren aufstellen könnten, weil er ihnen geholfen hat, sie von ihrer Sisyphusarbeit zu erlösen. Denn ihre legitimen Geschäfte, wie in der Tat alle legitimen Geschäfte, können nicht anders als stark erweitert zu werden, wenn der Würgegriff des Geldes über die Menschen einmal aufgehoben würde. Dies wiederum könnte wahrscheinlich die Arbeiterpartei gegen den ganzen Vorschlag aufbringen, denn der Gedanke, dass irgendjemand zusätzlichen Gewinn macht, ist für sie schmerzlich. Da aber die Wissenschaft die Welt, wenn diese darauf besteht, arm zu bleiben, buchstäblich zu zerstören droht, muss auf deren Einwände verzichtet werden. Für Verweigerer eines Zeitalters des Überflusses wären die Klöster noch offen.

Was die gesamte Frage der Kreditvergabe für Investitionen anbelangt, so sind Reformen längst überfällig. Unabhängig davon, was früher der Fall gewesen sein mag, sollte es für die genuine Industrie heute keine Schwierigkeiten mehr geben, das gesamte benötigte Kapital zu erhalten. In der Tat werden heute riesige Summen vergeudet, weil es an angemessener Beratung und Schutz in dieser Hinsicht fehlt. Nach Angaben von Henry Morgan, Präsident der Society of Incorporated Accountants and Auditors, investierte in den letzten sechs Monaten des Jahres 1928 die Öffentlichkeit £15.117.000 in 58 neue Unternehmen. Die geschätzten Gewinne von 52 von ihnen wurden mit £5.219.000 pro Jahr angegeben. Jetzt, zwei Jahre später, schätzt er, dass die Öffentlichkeit 95 % ihres Geldes verloren hatte. Nur eines der 58 Unternehmen hatte bisher eine Dividende ausgeschüttet, 27 befanden sich bereits in Liquidation (14 davon unter Zwangsverwaltung), und von den übrigen befanden sich mindestens 16 in ernsten Schwierigkeiten.*

Es wäre sicherlich an der Zeit, dass hier etwas getan würde. Diese Steuerung der Investitionsströme sollte eine legitime Aufgabe der Banken sein, bei der sie ihren Nutzen sehr stark ausbauen könnten. Sollten sie dazu nicht in der Lage sein, könnten die Bedürfnisse der Wirtschaft leicht dadurch befriedigt werden, dass der Staat die Rechte und Interessen der Anleger sichert, welche ihre Ersparnisse unter seinem Schutz anlegen wollen. Man sollte meinen, dass dies ohnehin zu den natürlichen Aufgaben des Finanzrechts gehört!

Was die künftige Bereitstellung solcher Ergänzungen des nationalen Gesamtgeldes angeht, welche die Indexzahl konstant halten, sobald Produktion wie auch die Bevölkerung Zuwachs verzeichnen, so scheint es, dass ein Statistisches Amt erforderlich wäre, analog zum Nationalen Physikalischen Laboratorium, welches unsere Gewichte und Maße vereinheitlicht. Dieses würde die Indexzahlen bestimmen und das Parlament hinsichtlich der Weise beraten, in der die neuen Emissionen gemacht werden sollten. Diese würden entweder als Erstemission durch Rücknahme staatlicher Anleihen erfolgen oder zur Begleichung eines Teils der nationalen Ausgaben in Umlauf gebracht

---

* siehe den Report in der TIMES vom 26.09.1930

werden, die ansonsten durch Steuern gedeckt würden. Einige Leute scheinen eine übertriebene Vorstellung von der Bedeutung der direkten Herausgabe des Geldes an die Verbraucher zu haben, wie es bei der letztgenannten Alternative der Fall wäre. Wichtig ist in erster Linie, dass alle davon profitieren, denn alle tragen mehr oder weniger unbewusst zu der Neuemission bei, aber es kann sekundäre Erwägungen geben, die die Wahl der Methode bestimmen. Die Frage ist dieselbe, die sich auch bei dem noch zu behandelnden zweiten Teil des Schemas stellen würde, nämlich ob die Staatseinnahmen für die laufenden Ausgaben oder für die Tilgung früherer Kapitalschulden verwendet werden sollen.

Es wird von den Befürwortern unserer abwegigen Geldschöpfungsmethoden immer ganz grundlos unterstellt, dass dem Parlament selbstverständlich nicht zu trauen sei, und dass die Versuchung, die Ausgaben durch die Emission neuen Geldes statt durch Steuern zu decken, sowohl in Friedens- als auch in Kriegszeiten unwiderstehlich wäre. Selbst wenn dies der Fall wäre, dürfte es nicht schwer sein, sich dagegen zu schützen. Das Statistische Amt könnte, anstatt nur beratend tätig zu sein, einen Status erhalten, der dem der Judikative bei der Verwaltung von Parlamentsbeschlüssen ähnelt, sodass seine Entscheidungen für das Parlament genauso verbindlich wären wie alle anderen juristischen Entscheidungen, sofern sie nicht durch besondere Gesetze aufgehoben werden. Würde man jedoch festlegen, dass alle Gewinne aus der Geldausgabe automatisch in die Tilgung der

Staatsschulden fließen, so wie es heute bei jedem Überschuss der Einnahmen über die Ausgaben der Fall ist, so würde nicht nur ein Schritt unternommen, der diese Einnahmequelle vor der Raffgier künftiger Schatzkanzler schützt, sondern es würde auch eine willkommene und sehr notwendige neue Bestimmung für die Tilgung dieser Schulden getroffen.

Dies scheint der erste Schritt zu sein, den die Nation auf dem Weg zur wirtschaftlichen Freiheit nehmen muss. Es mag nur ein kleiner Schritt sein, aber es ist dieser erste Schritt, der zählt. Er würde sicherstellen, dass die geregelte Produktion und der Konsum von Wirtschaftsgütern bis zu den natürlichen Grenzen zunehmen, die durch die Verfügbarkeit von Kapital und Arbeit sowie den Fleiß der Menschen gesetzt sind. Es gäbe keine unfreiwillige Arbeitslosigkeit und abgesehen von körperlich oder geistig behinderten Menschen, für die eine medizinische oder erzieherische Versorgung anstelle von pauschaler Wohltätigkeit erforderlich ist, dürfte es keine unverdiente Armut geben.

Der entscheidende Unterschied zwischen dem vorgeschlagenen und dem derzeitigen System besteht darin, dass das Gesetz von Angebot und Nachfrage zwar nach wie vor zwischen einer Art von Ware oder Dienstleistung und einer anderen wirken würde, es aber niemals aus Geldmangel zu einer allgemeinen Überproduktion und Unverkäuflichkeit kommen könnte. Dies würde zu einer größeren Kaufkraft der Verbraucher führen, sodass der Lebensstandard allmählich steigen würde. Andererseits enthalten diese

Vorschläge keinerlei Anreize zur Verschwendung, zum Müßiggang oder zur Überforderung eines Teils der Gesellschaft im Vergleich zu den anderen. Denn wenn alle durch den Wohlstand demoralisiert würden und zu faul wären, Güter zu produzieren, wodurch die Preise tendenziell stiegen, würde die Korrektur durch Steuern erfolgen, die das Geld aus dem Verkehr ziehen, um den Preisanstieg zu verhindern.

Es ist natürlich unmöglich, für eine unbestimmte Zukunft Vorhersagen zu treffen, aber in der Gegenwart sind wir noch sehr weit von einer wirklichen Übersättigung der Produktion entfernt. Es gibt genügend Spielraum, die Unterversorgung auszugleichen, dass die Probleme, die entstehen würden, wenn es jemals zu einer echten Überproduktion käme, getrost der Zukunft überlassen werden können. Das Problem ist heute der zu geringe Konsum und die Lösung im Allgemeinen muss der Lösung im Detail vorausgehen. Wir müssen ein Geldsystem schaffen, das in der Lage ist, alle produzierten Vermögenswerte zu verteilen, bevor wir uns in Auseinandersetzungen der Parteinahme über die relativen Anteile der Einzelpersonen oder Klassen an diesem Prozess einlassen. Die künftige Sicherheit der Zivilisation hängt davon ab, dass ein Weg gefunden wird, das Produktionspotenzial der Welt durch verträglichen Konsum zu nutzen, der das Leben in all seinen verschiedenen Aspekten aufbaut und bereichert, anstatt es durch eine Reihe von immer entsetzlicheren Wirtschaftskriegen zu vernichten. Ein nationales Geldsystem auf wissenschaftlicher Grundlage würde einen riesigen

Binnenmarkt für die Waren schaffen, die wir so reichlich produzieren können, und den Tausch dieser Waren gegen andere, in anderen Ländern günstiger produzierte Waren erleichtern.

Bislang sind alle Gedanken und Kräfte der Welt auf die Einführung eines neuen Systems gerichtet. Die Beschleunigung und die Steigerung der Produktion, die Einsparung von Arbeitskräften, die Senkung der Arbeitskosten und die Reduzierung des Konsums auf ein Minimum im Interesse der Akkumulation sind die Ansichten, die noch als Erbe dieser vergangenen Ära übrig sind. Es wurde nie darüber nachgedacht, welchen Zweck all der Wohlstand hat, auf den wir uns über ein Jahrhundert lang geduldig vorbereitet haben, um endlich in der Lage zu sein, ihn zu erschaffen. Jetzt, da wir ihn erwirtschaften können, scheint niemand zu wissen, was er damit anfangen soll. Die Idee, mehr zu produzieren und weniger zu verbrauchen, ist ein Widerspruch in sich, es sei denn, es handelt sich nur um eine vorübergehende Phase. Wenn nicht schnell etwas getan wird, um den Verbrauch zu steigern, wird sich die Welt beschleunigen, bis sie zerbricht. Schon jetzt könnte man sie karikieren als eine Welt, die mehr durch ihre Umdrehungen pro Minute als durch ihre Kilometer pro Stunde auffällt.[13]

---

[13] A.d.Ü.: Soddy schreibt im Original eine Formulierung, die nicht nur die sinnlose Umdrehung um sich selbst anstatt eines Vorankommens enthält, sondern auch den Hinweis auf die soziale Sprengkraft mitliefert: *„Already it might be satirised as more remarkable for its revolutions per minute than for its miles per hour.“*

Sobald die Gesamtheit des unproduktiven Kapitals und der unbeschäftigten Arbeitskräfte wieder im Wirtschaftsbetrieb absorbiert sind und die Wertschöpfung auf ein Höchstmaß gesteigert ist, kommt *nun* die Zeit, den nächsten Schritt zu tun, der für diejenigen, die die damit verbundenen Prinzipien verstehen, kaum einer weiteren Erläuterung bedarf. Aus volkswirtschaftlicher Sicht ist der Einsatz von Kapital – so notwendig und produktiv dies auch sein mag – eine Ausgabe, keine Akkumulation, und bleibt, sofern sie nicht getilgt oder gestrichen wird, eine Staatsschuld. Wie jede andere Staatsschuld ist sie eine Einkommensquelle für einige Mitglieder der Gemeinschaft auf Kosten der Gesamtheit. Ihr Besitz durch Einzelpersonen führt zu einer Umverteilung der Einnahmen als Bezahlung für deren Miete oder Nutzung. Vom nationalen Standpunkt aus gesehen ist ihre Bereitstellung jedoch zunächst eine uneinbringliche Ausgabe, die jeder modernen Produktionsmethode vorausgeht. Wenn die Schulden nicht getilgt werden, werden sie sich auf unbestimmte Zeit anhäufen, und es scheint, dass diese Zivilisation den Weg früherer wohlhabender Zivilisationen gehen wird, indem die Macht der Gläubigerklasse über die Schuldnerklasse wächst und letztere auf den Rang ihrer persönlichen Gefolgsleute und Diener reduziert wird. Die wirtschaftliche Freiheit hingegen liegt auf dem entgegengesetzten Weg.

Ein nationales Währungssystem käme den Armen ebenso zugute wie den Reichen und würde die unmittelbare Ursache der schlimmsten Symptome des

Klassenkampfes in der Gesellschaft beseitigen. Das Ergebnis wäre ein größerer Geldfluss nicht nur für den individuellen Lebensunterhalt, sondern auch ein viel größeres Gesamteinkommen, das vom Finanzamt zu erheben wäre, sodass Einkommen aus dieser Quelle erhöht werden könnten, auch wenn der Steuersatz gesenkt werden würde. Es würde mehr Geld für Investitionen zur Verfügung stehen, was nur zu begrüßen wäre, denn es würde zwangsläufig zu einer Senkung der Zinssätze führen. Damit wäre im weiteren eine Überproduktion von Kapital zu verhindern, denn Menschen, die bei einem Zinssatz von 5 % zum „Sparen" verleitet werden, würden es vorziehen, ihr Geld auszugeben, sobald der Zinssatz gesenkt würde. Gleichzeitig wären in einer individualistischen Gesellschaft verantwortungsbewusste Menschen, auch wenn es keinen Zinsanreiz gäbe, gehalten zu sparen, wie bereits erwähnt wurde.

Der nächste Schritt besteht in der Ablösung alten Kapitals durch die Zuteilung eines Teils des Steueraufkommens. Dies ist ein vollkommen solides und zweckmäßiges Verfahren zur allmählichen Verstaatlichung des Kapitals, um graduell die ursprüngliche Absicht und das Ziel des Sozialismus zu erreichen, nämlich das nationale Eigentum an den Mitteln der Produktion und der Verteilung. Es unterscheidet sich von allem, was in diesem Namen heute als Politik bezeichnet wird, so sehr wie Essig von Milch. Die Sache hat nämlich einen Haken. Sie wird nicht durch Reden oder Gewalt erreicht, sondern durch Bezahlung, und wenn sie jemals in die Tat umgesetzt wird, dann wahrscheinlich nicht von den politischen Sozialisten, sondern von den Altparteien.

Die moderne enteignende Besteuerung, die sich sozialistisch nennt, in ihrer Wirkung aber rein individualistisch ist, ändert lediglich die Identität des Kapitaleigentümers von A zu B, C, D, ... Sie tauscht einen aristokratischen Teufel gegen sieben plebejische aus und trägt in keiner Weise dazu bei, das Kapital in der Nation als Ganzes zu verankern. In Zukunft sollte die Nation ebenso „sparen" wie die Individuen. Die Besteuerung sollte zwei bestimmten Zwecken dienen, zum einen der Deckung der Staatsausgaben, was derzeit der einzige Zweck ist, und zum anderen dem Erwerb von Kapitalanlagen. Im Rahmen einer prosperierenden Wirtschaft sollte der erste Zweck eine abnehmende und nicht eine zunehmende Belastung darstellen, da sämtliche Unterstützungsleistungen für Bedürftige, für Arbeitslose und für unzählige Dienstleistungen, die ein wirtschaftlich freies und wohlhabendes Volk natürlich lieber selbst bezahlen würde, immer unnötiger würden.

Wenn, wie an anderer Stelle* errechnet, eine aus Investitionen stammende Einkommenssteuer von 4 Schillingen im Pfund für den Kauf dieser Investitionen vorgesehen wäre und die anschließenden Zinszahlungen der so von der Nation erworbenen Investitionen demselben Zweck gewidmet würden, würde das gesamte jetzt vorhandene Kapital in etwa der doppelten Zeit in das Eigentum der Nation

* F. Soddy, WEALTH, VIRTUAL WEALTH AND DEBT, Page 272

übergehen, welche die Investition benötigen würde, um ihr Kapital in Form von Zinsen zu erwirtschaften, d. h. in 40 Jahren für eine 5 %ige Investition, in 50 Jahren für eine 4 %ige Investition und so weiter. Von dem Kapital, das in der Zeit seit der Einführung des Systems angesammelt wurde, würde die Nation ebenfalls einen Anteil besitzen, der mit dem Alter des Kapitals zunimmt. Man könnte sagen, dass es sich um ein System der kombinierten Tilgung handelt, bei dem sowohl die Zinsen auf das erworbene Kapital als auch die Steuereinnahmen für die Tilgung verwendet werden.

Eine Enteignung *en bloc*, wie sie von den Kommunisten befürwortet wird, wäre sicherlich schneller, aber sie würde lediglich dazu führen, dass die Regierung der Kapitalist und der Kommunist der Regierte wäre. *Plus ca change, plus c'est la meme chose.* Die Unterschiede zwischen einem politischen System und einem anderen sind weit weniger grundlegend, als gemeinhin angenommen wird. Das System, das man gewöhnlich Kapitalismus nennt, ist in Wirklichkeit die wissenschaftliche Zivilisation. Der wesentliche Aspekt ist das Kapital und der Kapitalismus unterscheidet sich vom Sozialismus nur durch den Besitz desselben und die Art und Weise, wie es bereitgestellt wird. Sollte unter dem Letztgenannten die Bereitstellung von Kapital in einem der bevölkerungsreichen Industrieländer vernachlässigt werden, würde die Mehrheit verhungern. Die Revolutionäre scheinen den Punkt zu vernachlässigen, dass diejenigen, die Kapital erzeugen, zwar konsumieren, aber nicht wirklich produzieren. Sie bereiten sich lediglich auf die zukünftige Produktion vor. Die eigentlichen Prozesse sind identisch, egal ob Kapital oder Konsumgüter produziert werden, aber im ersten Fall ist das Produkt nicht genießbar. Diejenigen, die Konsumgüter produzieren, müssen also immer mehr produzieren, als sie verbrauchen, und zwar um den Betrag, den die Kapitalproduzenten verbrauchen. Dann, aber nicht anders, können alle mehr konsumieren, als sie es ohne diese Kapitalbereitstellung könnten, und die Bevölkerung kann über die Grenze der früheren Lebensweise hinaus wachsen. Das Prinzip von Malthus ist damit aufgehoben.

Die hier hervorgehobenen Reformen würden, wenn sie angewandt würden, zu einem System führen, das die guten Seiten sowohl des individualistischen als auch des sozialistischen Staates aufweist. Das gesamte alte Kapital würde automatisch von der Nation erworben werden, indem die Besteuerung der Erträge, die es seinen Eigentümern verschafft, zu seiner Tilgung verwendet wird und die gesamten Erträge daraus würden schließlich der Nation gehören. Die Gründung und Entwicklung neuer Industrien und Einkommensquellen würde der Privatinitiative und dem Unternehmertum überlassen, und es ist kaum zu bezweifeln, dass Einzelpersonen in diesem Bereich besser sind als jede Regierungsstelle es sein könnte. In der Tat ist zu bezweifeln, dass dies von den gegenwärtig gewählten Regierungen überhaupt in zufriedenstellender Weise geleistet werden könnte.

Falls die Wissenschaft jemals so weit entwickelt sein wird, dass es für den menschlichen Arbeiter immer weniger zu tun gibt, wenn immer mehr der Produktionsroutine durch automatische, arbeitssparende Geräte erledigt wird, sodass nur noch ein Bruchteil der menschlichen Arbeitskraft und der verfügbaren Dienste für die volle Produktion benötigt wird – was keineswegs so weit entfernt ist, wie es gegenwärtig scheint –, wird die Situation angemessen erfüllt sein. Denn die Nation wird dann, was heute nicht der Fall ist, im Besitz einer eigenen Einnahmequelle sein, aus der nationale Dividenden anstatt von Löhnen gezahlt werden könnten, wie die Douglas-Schule es befürwortet, an jeden oder an all jene, die nicht mehr benötigt werden, um die wirtschaftliche Arbeit der Welt zu leisten.

Viele Menschen, die sich nicht eingehend mit dieser Frage befasst haben, wird es wahrscheinlich überraschen, dass diese vermeintlich reiche Nation – und anderen ergeht es ebenso – aufgrund des falschen Systems der Privatwirtschaft, die sich als nationale oder politische Ökonomik ausgibt, praktisch überhaupt nichts besitzt. Ihre Position gegenüber ihren Bürgern ist die eines armen Staates, der auf das angewiesen ist, was sie ihm von Jahr zu Jahr gnädigerweise gewähren, damit die nationalen Dienste fortgeführt werden können. Was für die alte Ökonomik eine reiche Nation ist, ist für die neue Ökonomik eine arme Nation.

IX

Demokratie

Immer mehr Menschen sind der Meinung, dass die Demokratie, zumindest in diesem Land, nicht angemessen gehandhabt wurde. Ihre politische Macht war ohne echte wirtschaftliche Macht nutzlos. In diesem Buch wird die Ansicht vertreten, dass der fatale Fehler darin bestand, dass man zunächst ein privates Geldsystem entstehen ließ und ihm dann nicht ein Ende setzte. Sie sieht sich unter vagen internationalen Zwängen, eine Politik zu verfolgen, die ihrer Binnenwirtschaft irreparable Schäden zufügt, unter welcher ständig Produktion und Beschäftigung eingeschränkt werden, sich immer tiefer verschuldet wird und diese nicht mehr in der Lage ist, ihr Kraft und Können für ihr eigenes Überleben einzusetzen. Nach mehr als einem Jahrhundert beispiellosen Fortschritts in der Kunst Wohlstand zu schaffen, wird das Leben für einen immer größeren Teil immer schwieriger und unsicherer. Jeder weiß, dass hier etwas grundlegend falsch läuft und dass die Lösung des Problems noch nicht in Sichtweite der Parteipolitik gerückt ist.

Die alarmierende Zunahme der Arbeitslosigkeit und die anhaltende tiefe Depression unserer Schlüsselindustrien ist das Dauerthema aller Parteien, aber über die Geldpolitik als die offensichtliche und in der Tat eindeutig prophezeite Ursache herrscht eine Verschwörung des Schweigens. Das Parlament unterstützt und bestärkt den Bankier in seinem Glauben, das Geld der Nation sei seine alleinige Angelegenheit, die er nach eigenem Gutdünken schaffen oder vernichten könne. Sie hat sich der öffentlichen Meinung so weit entzogen, dass nach dem berüchtigten Cunliffe-Währungsausschuss, der zur Deflation riet, eine weitere Kommission zur Untersuchung des Finanzsystems eingesetzt wurde. Diese bestand aus Bankfachleuten und solchen Experten und Ökonomen, die Ansichten über Geld vertreten, die für die Bankiers, die sie belehrt haben, akzeptabel sind. Sollte deren Ergebnis jemals veröffentlicht werden, würde kein normal intelligenter Mensch wahrscheinlich auch nur die Mühe auf sich nehmen, sie zu lesen, ebenso wenig wie die Ergebnisse einer aus Bierbrauern bestehenden Abstinenzkommission.

Der Öffentlichkeit ist sehr wohl bewusst, dass kaum ein Fortschritt im Wissen oder im Denken, wie alltäglich er auch sein mag, jemals gemacht wurde, ohne dass diejenigen, die sich selbst als Autoritäten auf diesem Gebiet betrachteten, ihm zunächst feindlich gegenüberstanden und ihn ablehnten. Die Auffassung, dass das Geld für den Menschen gemacht ist und nicht der Mensch für das Geld, wäre für den heutigen Geldexperten eine ebenso große Ketzerei, wie es einst die Auffassung und die Lehre war, dass die Erde um die Sonne laufe und nicht die Sonne um die Erde. Aber wenn Galilei und Kopernikus heute gelebt hätten und nicht die Theorien in Bezug auf das Universum, sondern der Natur des Geldes erschüttert hätten, wäre es für sie viel schwieriger gewesen, ihre neuen Ansichten unvoreingenommen zu diskutieren, als dies bei den mittelalterlichen Schulmeistern und den Inquisitionsgerichten der Fall war.

Die Freiheit des Denkens und der Debatte gilt bisher nur für diejenigen Angelegenheiten des Geistes und des Bewusstseins, die niemandem direkt in die Tasche gehen. Für das Geld gilt dies jedoch noch nicht. Dieses stellt die Bundeslade, das Allerheiligste der Sklavenzivilisation dar. Die Verantwortlichen wissen sehr wohl um die Gefahr. Sie könnte für die Menschheit schwerwiegendere und grundlegendere Folgen haben als die Glaubensfreiheit. Sie könnte zu wirtschaftlicher Freiheit führen, der Keimzelle aller Freiheit, die diesen Namen verdient.

Man muss es von zwei Seiten betrachten: Wer sind die Übermenschen, die ein solches Reich ohne das Mittel der Angst vor dem Hunger regieren könnten, die ohne die zwingende Kraft des Elends sicherstellen würden, dass alle Arbeiten erledigt und Männer wie Frauen in die widerlichsten und entwürdigendsten Dienste gebracht werden? Auch wenn alle reich sein wollen, wollen weder die Reichen noch die Mächtigen, dass alle reich werden. Es gibt die Knappheit im Bereich der Hausangestellten und die Notwendigkeit, Rekruten für die Armee zu finden, die 1921 die Deflation als das geringere Übel erscheinen ließen. Die Demokratie wird also verraten.

Aber jeder von uns trägt seinen eigenen kleinen King Charles's Head bei. Da bei der Erschaffung der

Welt nur eine begrenzte Menge Gold zur Verfügung stand, ist es klar, dass, wie reich wir auch an Gütern sein mögen, Geld immer knapp und schwer zu beschaffen sein muss. Ohne eine Golddeckung wäre die gesamte auf „Kredit" beruhende prekäre Struktur[14] gefährdet. Was nützt es, den Massen höhere Geldeinkommen zu geben, als es für ihr Überleben und die Aufzucht einer neuen Generation von Arbeitern erforderlich wäre? Sie würden es nur zu ihrem eigenen Schaden und zum Schaden anderer verschleudern und zu faul und unabhängig werden, um zu arbeiten. Und dann ist da noch die Bevölkerungsfrage: Schon jetzt rekrutiert sich die Welt immer mehr aus den „untersten Schichten" der Bevölkerung und die Wohlhabenden werden immer weniger produktiv, sodass wir am Ende ... – aber selbst für den Eugeniker ist es kaum auszusprechen, wie wir enden sollten, wenn dies so wäre. Die Antwort auf all diese Fragen ist, dass noch größere Veränderungen bereits an die Tür klopfen. Die Wissenschaft ist revolutionär, aber wissenschaftliche Menschen sind es nicht – und Revolutionäre sind nicht wissenschaftlich.

Für die überwältigende Mehrheit der Menschen wird die Demokratie, wenn sie ihr System rechtzeitig in den Griff bekommt, jeder anderen Regierungsform

---

[14] A.d.Ü.: An dieser Stelle fällt Soddy in einen sarkastischen Ton, der seine wiederholte Kritik am „gewollten Mangel" verdeutlicht: *„What is the use of giving the masses larger money incomes than is necessary for them to exist upon and rear the next generation of labourers? They would only squander it to their own and other people's hurt and become too lazy and independent to work."*

vorzuziehen sein, sei es eine Autokratie, Aristokratie, Plutokratie, Militärdiktatur oder eine Kombination davon. Es ist verfrüht, ein Regierungssystem zu verurteilen, das nicht die wahre Regierung ist. Die wichtigste Veränderung, die eine Nation erleiden kann, nämlich dass ihr Geldsystem dem Geldverleiher überlassen und zu dessen Monopol wird, hat in diesem Land stattgefunden, ohne dass die Öffentlichkeit davon wusste und die Angelegenheit überhaupt ein politisches Thema gewesen ist.

Der Weg wird frei für eine echte Demokratie, die allen Menschen die Möglichkeit bietet, ein erfülltes und zivilisiertes Leben zu führen. Möglicherweise irrt der Eugeniker, der auf den Einfluss der Vererbung beharrt und die Bedeutung des wirtschaftlichen Umfelds[15] auf den Charakter und die Würdigkeit des Menschen vernachlässigt. Man bedenke, wie schnell es denjenigen, die durch die Wissenschaft veredelt wurden, gelungen ist, ihre Fehler und Unzulänglichkeiten zu beseitigen, welche sie nun wiederum bei denen anprangern, die weniger Glück hatten, als sie selbst. Solange mit all dem Reichtum der Welt nicht zumindest versucht wird, das allgemeine Niveau der Menschheit auf jenes Niveau zu heben, welches in etwa dem entspricht, das jene erreicht haben, die bereits über die Angst vor dem Elend hinausgehoben wurden, kann es keinen ernsthaften Zweifel daran

---

[15] A.d.Ü.: Eine Anspielung auf das Konzept „Place, Work, Folk" von Patrick Geddes und ein Bezug zur Gründung der Le Play-Society 1930 in London, der sich Soddy sehr verbunden fühlte und aus deren Arbeiten die Inhalte des Frederick Soddy Trusts abgeleitet wurden.

geben, dass er dazu verwendet wird, sie zu zerstören. Sollten wir so oder so zum Scheitern verurteilt sein, scheint doch die erstgenannte Richtung vernünftiger und ermutigender zu sein. Wenn die Welt nicht für die Demokratie sicher gemacht werden kann, stellt sich die Frage, ob es nicht unmöglich ist, sie überhaupt sicher machen zu können. Diktaturen und autokratische Herrschaft bieten keine endgültige Lösung für das eigentliche Problem, den vernünftigen Konsum von Vermögenswerten.

Der Verrat an der Demokratie war ursprünglich auf Unwissenheit zurückzuführen. Heute wäre es wohl zutreffender zu sagen, dass Angst und Misstrauen gegenüber dem Volk dafür verantwortlich sind, dass das Geld in den Händen von Privatleuten liegt und die Wirtschaft im Würgegriff hält. Das Parlament würde es nicht wagen, die tödliche Arbeit, die seit dem Krieg im Gange ist, offen zu betreiben. Es verbirgt sich hinter dem Vorwand der Ohnmacht. »Die grimmige Göttin der Finanzen übt, wie sie es stets tun muss, eine unerbittliche Macht aus.«

Das ist also alles, wozu es gut war! Anstelle der alten grimmigen Realität, welche durch die Wissenschaft aufgehoben wurde, ist es den Politikern gelungen, eine neue grimmige Gottheit zu erschaffen – eine zählende Göttin, die durch das Zählen unterhalb der Ebene, auf der es etwas zu zählen gibt, die widerspenstige Menschheit unter der Gürtellinie treffen kann, in der beruhigenden Gewissheit, dass es dort wenig zu treffen gibt. Dieses algebraische Vorbild ist das beste Beispiel für das Verständnis der tiefgreifenden sozialen Bedeutung der transzendentalen Wahrheit, dass minus eins plus eins ist, verglichen mit minus zwei. Es kann sogar vernünftige Menschen dazu bringen, zu glauben, dass Armut und Verzweiflung die normalen und natürlichen Folgen von Überproduktion und Überfluss sind.

Das ist keine Übertreibung, sondern die gängige Meinung. Macht und Verantwortung scheinen den Verstand der Menschen zu trüben. Kein Geringerer als der kürzlich verstorbene Premierminister stellte die berühmte Frage: »Wozu sollen wir Waren herstellen, wenn wir sie nicht verkaufen können?«, während ein normaler Mensch gefragt hätte: »Warum können wir sie nicht verkaufen? Wozu ist Geld denn da?« Wenn ein Unternehmen nicht in der Lage ist, seine Aufgaben zu erfüllen, ist es für den Normalbürger naheliegend, es durch ein anderes zu ersetzen, das dies vermag. Aber für denjenigen, der die Kontrolle hat, ist Schluss, wenn das Geld seine Aufgabe nicht erfüllt. Das gesamte Finanzsystem dieses Landes ist so verdorben, dass es einer ernsthaften Untersuchung nicht standhalten kann. Gegenwärtig kostet es die Nation über hundert Millionen Pfund pro Jahr an unberechtigten Steuern, weil es seine Aufgabe, nämlich die Verteilung der Waren, die das Land herstellen kann und benötigt, nicht erfüllt.

So wie der „Vorarbeiter-Typus“ keine geringere Waffe als rohe Gewalt und Elend einsetzen kann, um die gröbsten Arbeiten erledigen zu lassen, so muss der demokratische Herrscher etwas hinter sich haben, das durchgreifender ist als die silberne Zunge der Redekunst, wenn es darum geht, die Arbeit der Welt zu erledigen. Das liegt in der Natur der Sache. Doch werden einige der härtesten und zugleich unangenehmsten Arbeiten der Gemeinschaft – etwa die der Schwestern in den Krankenhäusern, um nur ein Beispiel zu nennen – sogar freiwillig als eine notwendige und wohltätige öffentliche Aufgabe mit nur geringem finanziellen Anreiz geleistet. Wenn er sonst nichts Gutes bewirkt hat, hat der Große Krieg doch bewiesen, dass der Geist der Demokratie Besseres verdient, als dieses Verhalten seiner angeblichen Herrscher.

Dieses Zeitalter der Geizkragen und des Elends hat die Jugend zwangsläufig von der politischen Macht des vergangenen Jahrhunderts abtrennen müssen. Der kopflastige, verdrehte Zustand einer Welt, die mit der Anhäufung von Schulden beschäftigt ist, kann nicht gefahrlos den Jungen und Unbesonnenen anvertraut werden. Sie erfordert Erfahrung, Weisheit, Kompromisse, Diplomatie und sehr geschicktes Abwägen. Die Jugend stellt sich leicht auf die neuen Verhältnisse ein. Die Alten wenden bestenfalls vierzig Jahre zu spät das an, was sie in ihrer Jugend erreicht hatten, und das sind meistens nur klägliche Versuche, das verhasste Neue nach dem Muster des geliebten Alten zu formen, und nichts, was dem Alter angemessen und würdig wäre. Professor de Madariaga hat geistreich gesagt: »Solange es den Tod gibt, gibt es Hoffnung.« Aber es ist eindeutig eine Zumutung für die Welt, dass sie stehen bleibt und ihren Führern Zeit gibt, sie einzuholen.

Soweit die zeitgenössische Politik irgendeine Gültigkeit oder Anwendbarkeit auf die Lebensweise der modernen Welt hat, kann es sich nur um die Art und Weise der Verteilung von Vermögenswerten handeln. Die Politiker, wie auch die Ökonomen, Juristen und Banker, sind in der Regel Neulinge in der Wissenschaft der Erschaffung von Wohlstand. Es scheint, dass es im Großen und Ganzen zwei mögliche Methoden gibt, die sich keineswegs gegenseitig ausschließen, um die für die Aufrechterhaltung des Lebens verfügbaren Einnahmen zu verteilen. Wir können unserer vorhandenen Tendenz folgen und versuchen, die Verteilung wie auch die Produktion zu vergemeinschaften, die staatlichen Leistungen für Bildung, Alter, Krankheit, Wohnung usw. aus der Besteuerung zu finanzieren, zusätzlich zu den notwendigerweise kommunalen Leistungen, bis die Besteuerung die reguläre Methode wird, mit der die Einnahmen verteilt werden. Wir versorgen also höchstens einige Leute aus den Taschen anderer Leute; wohl nicht mit dem, was sie selbst begehren, sondern mit dem, was die wohlmeinende Regierung gnädigerweise für sie für notwendig hält, so wie ein Sklavenhalter für seine Sklaven oder ein Bauer für sein Vieh sorgt, und wir erwarten, dass die Einzelnen, wie früher, weiterhin das gesamte Kapital aufbringen.

Niemand verteidigt ernsthaft eine solche Methode, es sei denn als eine bloß vorübergehende Linderung von Übeln, die weder notwendig noch natürlich sind, schon gar nicht in einem Zeitalter, das die Lösung des Produktionsproblems gesehen hat. Als Alternative kann man die im vorangegangenen Kapitel beschriebenen Methoden anwenden oder größere Geldeinkommen verteilen, wobei es dem Einzelnen überlassen bleibt, für sich zu wählen, was er für das Beste hält.

Der fortwährende Kampf um die Aufrechterhaltung einer anständigen Existenz gegen die Kräfte, die seit dem Beginn der Industrialisierung dazu tendieren, alles zu versklaven und zu untergraben, hat unter den kämpferischen Reihen der Industriebelegschaft einen Teamgeist entwickeln lassen, der in der Klasse der Wohlhabenden noch unbekannt ist und offensichtliche Ähnlichkeiten mit demjenigen in den Berufen der Rechtswissenschaft und der Medizin aufweist. Auch haben sie natürlich, wenn auch nicht ihre lautstarken Verfechter, eine bessere Vorstellung von der Art der Prozesse, durch welche der Wohlstand entsteht und von den Kosten, die er in Form von Arbeitsstunden den Menschen verursacht, als all jene Handels-, Finanz- und Berufskreise, für die solche Überlegungen nur Zahlen und Symbole darstellen.

Sie sollten nicht allzu lange dem herkömmlichen Missverständnis unterliegen, dass die Enteignung der Einkommen der Wohlhabenden zur Deckung ihrer Bedürfnisse sozialistisch sei. Dies versklavt und demoralisiert eher, als dass es befreiend wirkt und verlagert allenfalls das Eigentum am Kapital von einem Einzelnen auf eine Reihe von oft weniger wünschenswerten Herren. Der praktische Sozialismus als nationales Eigentum an den Produktions-, Verteilungs- und Tauschmitteln erfordert eher nationales oder staatliches Sparen oder Sparsamkeit, als staatliche Ausgaben für den Unterhalt von Einzelnen. Alles, was für die Linderung von Armut und Not ausgegeben wird, bringt dieses Ziel nicht näher, sondern weiter weg davon. Bislang ist die an der Macht befindliche Labour-Partei nur den Weg des geringsten Widerstands gegangen, der nirgendwo hinführt. Durch enteignende Besteuerung nimmt sie all jenes als Einnahmen und gibt es wieder aus, was in einem sozialistischen Gemeinwesen für das Kapital aufgebracht werden müsste. Dabei wird sie natürlich von den Altparteien bekämpft, die, wenn an der Macht, das Gleiche in noch größerem Ausmaß tun würden, weil sie keine Opposition erfahren.

Das Gleiche gilt für die Einschränkung der Produktion durch die Gewerkschaften: Den Versuch, die Arbeitsleistung eines einzigen Tages über eine ganze Woche ausdehnen, das Einfüllen von Sand anstelle von Öl in alle Räder des industriellen Systems. All dies bringt uns weiter vom Sozialismus weg, das Ziel der wirtschaftlichen Freiheit liegt in der entgegengesetzten Richtung. Dies sind nur Wege zur nationalen Verarmung und Demoralisierung und der Sozialismus ist für eine verarmte und demoralisierte Nation genauso wenig möglich, wie im Zeitalter des Mangels.

Wenn er in unserer Zeit verwirklicht werden soll, muss nicht nur die Geldschranke, sondern auch jedes andere Hindernis für eine volle und effiziente Produktion beiseite geräumt werden, damit sofort ein reichliches Einkommen vorhanden ist, das sowohl für die Bereitstellung von neuem als auch für die Tilgung des alten Kapitals ausreicht. In einem solchen Zeitalter könnte Freiheit für viele mehr sein als nur ein Wunsch oder ein Name. Das Niveau der beruflichen Leistung, die Moral der Offiziere und Soldaten einer mächtigen Armee, die Solidarität und Loyalität der Arbeiter, die sich in der Stunde ihrer Prüfung entwickelt haben, müssen die Prinzipien sein, auf die sich die Welt stützen muss, wenn sie jemals ihren Glauben an die Wirksamkeit von Mangel, Angst und Gier aufgeben will. Die Erziehung zum Wohlstand ist die einzige Hoffnung, die der Menschheit bleibt.

Und doch wäre es müßig, auch nur den Versuch zu unternehmen, optimistisch zu erscheinen. Das alte Regime hat sein Erbe der tiefen Demoralisierung und Revolte hinterlassen. Die heutige Generation der Werktätigen rüstet sich für das Armageddon, während sie sich für das Gelobte Land weiterbilden sollte. Als ob die zerstörerischen Kräfte nicht schon mächtig genug wären, neigt die Arbeiterschaft zunehmend dazu, sich selbst zu zerstören und sieht keinen anderen Ausweg als eine Revolution. Zweifellos wird dies denjenigen monströs und verräterisch erscheinen, denen bisher die unerbittlichen ökonomischen Gesetze freundlich gesinnt waren, aber dem professionellen Ökonomen muss es als die schönste und überzeugendste Demonstration grundlegender Prinzipien erscheinen, auf denen er sein Fach gegründet hat, in Richtungen, die er zunächst übersehen hat.

Das größte Hindernis für alle Reformen geht dabei nicht von den „Aufrechten“ und „Unbeugsamen“ aus, sondern von der natürlichen Tendenz der Arbeiterschaft zur Revolution. Diejenigen, die sich am lautesten über die Ungerechtigkeiten der Armen und Ausgebeuteten äußern, haben ein persönliches Interesse an deren Fortbestand und Wachstum. »Die Währungsreform wird die Ketten der Lohnsklaverei und des Kapitalismus für weitere hundert Jahre an die Arbeiter binden.« Etwas Ähnliches würde man heute von jeder echten Reform sagen, die sich von Scheinreformen unterscheidet. Sie versuchen, das System zu beenden, anstatt es zu verbessern, und dabei finden sie, wie bereits angedeutet, wahrscheinlich Rekruten in bisher unerwarteten und sehr mächtigen Kreisen.

Diejenigen, die an das Volk und den endgültigen Triumph der demokratischen Idee geglaubt haben, haben indessen wenig Grund zur Hoffnung. Es gibt kaum Anzeichen für eine Begeisterung oder ein Interesse an dem, was die Zukunft bringen mag. Niemand würde zu dem Schluss kommen, dass sich die Nationen seit dem letzten Krieg in einem Wettlauf mit der Zeit befinden. Vielmehr scheint die Demokratie wie betäubt, vom letzten Schlag getroffen und auf den nächsten wartend; desillusioniert, zynisch und schlichtweg ungläubig, aber keinen anderen Weg kennend.

Der Lauf der Dinge hat die Aufmerksamkeit der Welt vom Wesentlichen abgelenkt. Die Gischt wortreicher Gefechte und das Geschwätz der Wahlkämpfe, ebenso wie die Fragen des letzten großen Konflikts tun jetzt überhaupt nichts mehr zur Sache. Diese Helden und ihre Verehrer besetzen die Weltenbühne als kostümierte Mumien, die nun vom kalten Auge der Morgendämmerung entdeckt werden. Die Themen haben sich von den persönlichen und emotionalen

Sphären, in denen sich die menschlichen Fähigkeiten entwickelt haben, auf die des Intellekts und des Verstands verlagert. Nicht mehr Nationen und Menschen, sondern Ideen sind im Krieg miteinander.

Klares Denken, Unabhängigkeit des Urteils, Vernunft, die Fähigkeit, geistig erwachsen zu werden und einen Weg einzuschlagen, der fremd und neu in der Geschichte ist, gegen alle Präzedenzfälle und Autoritäten, sind eher die Qualitäten des Pioniers als die der Vielen – und nun werden sie der Masse abverlangt. Wird die Demokratie die neue Prüfung bestehen? Die Gefahren, die sich ihr aufdrängen, kommen hinterrücks, aber geradezu liegt der Weg noch offen. Kann sie den geraden Kurs steuern? Der Einzelne kann heute allenfalls ein einsamer Wegweiser für die Vielen sein. Diese müssen sich ihren eigenen Weg bahnen.

Ende

Personenverzeichnis

Douglas, Major C.H. 88f, 128
Einstein, A. 36
Fisher, I. 66, 98
Galilei, G. 130
Gesell, S. 88, 93
Hattersley, A. C. 48, 88
Jeans, Sir J. 36
Joule, James P. 36
Junius, J. 51
Kindersley, Sir Robert 101
Kitson, Arthur. 88
Kopernikus, N. 130
Madariaga, Don S. de 136
Malthus, T. R. 127
Martin, P. W. 89
Marx, Karl 24
Maxwell, Lt.-Col. D. W. 70
McKenna, Rt. Hon. R. 47
Ortes, Giammaria 25
Rasputin, G. J. 60
Ruskin, John 24, 26
Shaw, George Bernard 104
Sismondi, S. 25
Soddy, Frederick 61, 125
Tracy, Destutt de 25
Withers, Hartley 47

Sachverzeichnis

Arbeiter 16f, 21, 25, 75, 83, 128, 132, 140f
Arbeitslosigkeit 14, 16, 18, 50, 80, 120, 129
Armut 9, 12, 17f, 24, 26f, 64, 80, 88, 99, 107, 112, 120, 135, 139
Aufrüstung 105
Bank von England 53
Banken 38, 43, 47f, 57, 59, 62, 64, 69, 71, 84, 95, 100f, 114-118
Besteuerung 32, 114, 125, 127, 137, 139
Darlehen 23, 44, 47, 54, 57, 75, 110f, 115
Deflation 23, 49, 58f, 69, 110, 112, 130f

Demokratie 18, 39, 72, 85, 113, 129, 131-134, 136, 141f
Diagramm des Wirtschaftssystems 78, 80, 83
Erhaltungsgesetze 35, 39, 44
Eugenik 13, 132f
Export 99, 101-103
Freiheit des Denkens 131
Fünfjahresplan 74
Geldsystem 21-24, 26, 35, 40, 42, 48f, 63f, 94, 98, 121, 129, 133
Gesetz über Banknoten und Währung 48
Gold 39, 41, 48f, 51, 61, 63f, 69, 83, 99, 113, 132
Handelsbilanz 101, 103
internationale Wirtschaft 99, 101, 107
Kapital 14, 29, 65, 74, 89, 90, 105, 117, 120, 123-125, 127, 137f
Kapitalismus 126, 141
Katz-und-Maus-System 83, 92
Kredit 38, 42, 45, 47, 49, 54, 68, 87, 105, 109, 115, 132
Krieg 16f, 22, 24, 33, 39, 48, 51, 53, 55, 60, 65, 103
Münzen 37-39, 46, 62f, 65
Nachfrage 15f, 66, 77, 87, 120
Neue Ökonomik 12, 24, 26, 88, 99, 128
orthodoxe Ökonomik 80, 91
Paradoxon, ökonom. 24
Perpetuum mobile 36
Plutokratie 107, 133
Produktionsprobleme 35
Quantitätstheorie des Geldes 66, 68
Regierung 127
Regierungsform 132
Rentierklasse 57, 81, 95, 104
Schecksystem 38, 43, 48, 93, 114
Schottland 97+98
Schwundgeld 93
Silber 39, 113
Sklaverei 10
Sozialismus 124, 126f, 138f
Sozialkredit 89, 92
Statistisches Amt 118+119
Überbevölkerung 106, 127, 132
Vererbung, Einfluss der 133
Vermögenswerte 16, 22, 25, 30, 35f, 53, 59, 67, 79, 83, 121, 134, 137
Verschwendung 13
Verteilungsmechanismus

18, 21
Verteilungsproblem 16
virtuelles Vermögen 61-63, 65, 68, 70, 77
wirtschaftliche Freiheit 96, 120, 123, 139
wissenschaftliche Zivilisation 9, 16, 24, 27, 106, 126
Zeitalter des Mangels 139
Zeitalter des Überflusses 10, 26, 88, 106
Zinsen 22-24, 30, 34f, 44f, 50, 57f, 65, 84, 89f, 101- 104, 106, 110f, 114, 126

Erläuterung zum Text

von Helmut Federmann

Einleitung

Frederick Soddy veröffentlichte bereits 1926, als „fachfremder" Autor, sein erstes Buch zu sozial-ökonomischen Themen unter dem Titel WEALTH, VIRTUAL WEALTH AND DEBT. Fünf Jahre zuvor, im Herbst 1921, kurz nach Nominierung für den Nobelpreis in Chemie, war er an der *London School of Economics* mit zwei Vorträgen unter der etwas interpretationsbedürftigen Überschrift CARTESIAN ECONOMICS[1] an die Öffentlichkeit getreten. Dies stellte den Beginn seiner über die folgenden Jahrzehnte betriebenen Beschäftigung mit dem ökonomischen System dar.

In der von großen Fortschritten und Umwälzungen geprägten Zwischenkriegszeit hatte der Verlag Elkin Mathews & Marrot eine neue Buchreihe unter dem Begriff *The Library of New Ideas* aufgelegt, um mit Erstveröffentlichungen zu günstigen Preisen über aktuelle und die Öffentlichkeit bewegende Themen aus wissenschaftlicher Sicht zu informieren. Frederick Soddy war dafür geradezu prädestiniert und unter jenen Autoren einer der renommiertesten. In einer Beschreibung auf den hinteren Seiten der Originalausgabe des vorliegenden Werkes liest man dazu:

> *„Die ‚Bibliothek der Neuen Ideen' stellt Werke konstruktiver Kritik zusammen, zu deren Themen sich kein regsamer Geist erlauben kann, schlecht informiert zu sein. Als Autoren werden Männer und Frauen auftreten, die ihr Fachgebiet gründlich kennen und eine neue Sichtweise dazu entwickeln."*

Man kann nicht behaupten, dass Soddy sich nur aus einer Laune heraus mit dem Verhältnis von „Geld versus Mensch" befasste. Auf mehr als 100 Seiten, über neun Kapitel – beginnend mit „Die Neue Ökonomik" über „Wie eine Nation wohlhabend gemacht werden kann" bis hin zu der Frage der „Demokratie" – erstrecken sich die Ausführungen in seinem 1931 veröffentlichten Werk

---

[1] Vgl. Federmann, H. & Kapp, Ph. FREDERICK SODDY – WEGBEREITER EINER NATURWISSENSCHAFTLICHEN ÖKONOMIE. Roßdorf: Isotope Media, 2021.

MONEY VERSUS MAN. Sein Text liegt nun erstmals in deutscher Sprache unter dem Titel MAMMON UND DIE MENSCHHEIT vor. Der Rezensent einer Sammelbesprechung zu den im Jahr 1933 erscheinenden amerikanischen Neuauflagen der beiden Soddy-Werke WEALTH, VIRTUAL WEALTH AND DEBT sowie MONEY VERSUS MAN schreibt in *The Annals of the American Academy of Political and Social Science*:

> *„Die Veröffentlichung dieser beiden Bücher kommt genau zur rechten Zeit. Obwohl beide zuvor in London (und eines davon in New York) erschienen sind, haben die Ideen von Professor Soddy unter den amerikanischen Wirtschaftsstudenten nicht so viel Aufmerksamkeit erregt, wie sie es verdienen."*[2]

In einer gekonnten Kurzfassung gibt er danach zentrale Aspekte des Soddyschen Anliegens wieder – was man bei anderen Rezensenten von Soddys Werken leider selten feststellen kann!

> *„Konsumierbare Vermögenswerte, die das Ende aller produktiven Tätigkeit darstellen, entsprechen Energie in konsumierbarer Form, während Investitionsgüter aus der Nutzung von Energie in einem früheren Stadium resultieren und unsere gegenwärtige Produktionskapazität erhöhen. In krassem Gegensatz zu dieser Realität steht die Finanzwelt. Schulden sind unproduktiv, sie sind negativer Vermögenswert. Geld ist nur eine besondere Art von Schulden, und sein Wert wird durch das Ausmaß bestimmt, in dem die Menschen auf den Kauf von Gütern verzichten, um es zu behalten (eine Idee, die der Cambridge-Theorie der Realsalden ähnelt)."*[3]

Trotz geringer Einwände stellt er abschließend fest:

> *„Zweifellos stellen diese beiden Bände einen der befriedigendsten Ansätze zur Neuformulierung der Wirtschaftstheorie dar, die in den letzten Jahren gemacht worden sind."*

Das stellt für den Naturwissenschaftler Soddy eine beachtliche Anerkennung und ein verdientes Lob von Seiten der Sozialwissenschaft dar – vor allem, wenn man bedenkt, was der große Ökonom J. M. Keynes über die Schwierigkeiten der Bankenwelt, ihre monetären Probleme zu verstehen, einmal bemerkte:

---

[2] The ANNALS of the American Academy of Political and Social Science, Vol. 170, November 1933, S. 174 f (eigene Übersetzung).

[3] Ebenda.

„Häufig wird davor gewarnt, dass eine wissenschaftliche Betrachtung von Währungsfragen unmöglich ist, weil die Bankenwelt intellektuell nicht in der Lage ist, ihre eigenen Probleme zu verstehen.“[4]

Im Jahr 1934 beschäftigt Soddy sich dann noch einmal intensiv und in grundlegender Weise mit den beiden Themen Geld- und Finanzwesen in seinem Werk THE RÔLE OF MONEY[5]. Dies sollte seine vierte und vorerst letzte größere Abhandlung zu diesem Thema sein. Die folgende Definition klingt für viele Leser vermutlich etwas verwirrend, denn Soddy definiert Geld zwar sehr wortspielerisch, jedoch zunächst wenig erhellend:

„Geld ist heutzutage das NICHTS, das man für ETWAS erhält, bevor man IRGENDETWAS dafür bekommen kann.“[6]

So zutreffend diese Formulierung auch sein mag, verlangt es doch ein erhebliches Wissen über die theoretischen Grundlagen und das Verständnis der institutionellen Regelungen sowie der Funktionsweise der bestehenden Geld-, Währungs- und Finanzsysteme, um zu dieser gelungenen Fassung einer Gelddefinition zu gelangen! Und es ist genauso präzise und zutreffend zu sagen:

„Ex nihilo nihil fit. Von nichts kommt nichts, oder, um es modern auszudrücken, Materie und Energie bleiben erhalten.”[7]

Mit dieser Aussage stellt sich Soddy in die Reihe der Kritiker eines Fiat Money-Systems, noch bevor eigentlich einer größeren Anzahl von Menschen bewusst wurde, was dies bedeutet und nach sich zieht. Er war dazu in der Lage, weil es in seiner Natur als Wissenschaftler lag, sich auch sozial-ökonomischer Herausforderungen auf dem Boden naturwissenschaftlicher Analysen anzunehmen.

---

[4] Vgl. Keynes, J. M. A TRACT ON MONETARY REFORM. The Collected Writings of John Maynard Keynes, Volume IV, Cambridge University Press for the Royal Economic Society, 1971, 2013. Preface, S. xiv: *"One is often warned that a scientific treatment of currency questions is impossible, because the banking world is intellectually incapable of understanding its own problems."*

[5] Vgl. Soddy, F. THE ROLE OF MONEY. London: Routledge, 1934

[6] Ebenda. S. 24: Chapter II: *„Money now is the NOTHING you get for SOMETHING before you can get ANYTHING."*

[7] Ebenda. S. 26: *„Ex nihilo nihil fit. Nothing comes from nothing, or, in modern phraseology, matter and energy are conserved."*

Der Blick von außen

Es ist wohl eher die große Ausnahme als die Regel, dass sich ein Wissenschaftler nahezu die Hälfte seiner Schaffenszeit mit dem Gegenstand eines gänzlich anderen Wissensgebietes befasst und darin mit einer Mehrzahl an Veröffentlichungen hervortritt. In Zeiten der sogenannten „Universalwissenschaftler" gab es diese Persönlichkeiten auch im deutschen Sprachraum, also Denker, die sich neben ihrem Spezialgebiet auch mit Fragestellungen verwandter Wissensgebiete befassten oder ihre methodischen Kenntnisse auf anderen Wissenschaftsfeldern einsetzten und dadurch ebenfalls zum Erkenntnisfortschritt beitrugen – kurz gesagt, sich durch ihre Inter- oder Transdisziplinarität auszeichneten. Dazu fallen einem zunächst die Namen Leibnitz, Goethe und Humboldt ein, etwas später betätigte sich *Wilhelm Ostwald*, 1909 Nobelpreisträger in Chemie, ebenfalls in dieser Weise und wurde mitunter auch als „der letzte Universalwissenschaftler" bezeichnet. Im weiteren Sinne lässt sich auch noch der Bonner Physikprofessor *Rudolf Clausius* in diese Kategorie einreihen.

Der englische Chemieprofessor Frederick Soddy war Nobelpreisträger des Jahres 1921 und gehörte zu dieser seltenen Spezies. Soddy widmete die erste Hälfte seiner akademischen Schaffenszeit – etwa von 1900 bis zum Ende des 1. Weltkrieges – der Erforschung radioaktiver Elemente und erhielt für das von ihm erarbeite Konzept der Isotopie die erwähnte hohe Auszeichnung. Anschließend befasste er sich in genau derselben Intensität mit der Lösung des von ihm so bezeichneten „Ökonomischen Paradox" und sah früh einen Paradigmenwechsel voraus: Die „Ökonomie des Mangels" kommt zu ihrem Ende, eine neue „Ökonomie der Fülle" steht an! Mit seinen Erkenntnissen aus der Erforschung der radioaktiven Elemente hatte er eine Ahnung davon gewonnen, über welche ungeheuren Energiemengen die Menschheit zukünftig durch die Möglichkeit der Atomspaltung verfügen könnte. Wie würde die Menschheit mit diesem Geschenk umgehen? Dies war eine der grundlegenden Fragen, die ihn bewegten.

Auf naturwissenschaftlichem Gebiet waren in den vorangegangenen Jahrzenten des 19. Jahrhunderts eminente, ja gigantische Fortschritte erreicht worden. Daran konnte er für sich persönlich mit seinen Beiträgen auf dem Gebiet der Radiochemie einen nicht geringen Anteil reklamieren. Im Vergleich zu diesen Leistungen betrachtete Soddy die zeitgenössische ökonomische Wissenschaft, ihre Erkenntnisfähigkeit und Lösungskompetenz angesichts der eingetretenen, gesellschaftlichen, politischen und wirtschaftlichen Entwicklungen als hoffnungslos rückständig und mittelalterlich. Trotz stetigem naturwissenschaftlichem Erkenntnisfortschritt und ständig verbesserten technologischen Lösungen gelingt es in den Jahren nach dem Ende des 1. Weltkrieges nicht, dem Hunger und der Armut für eine Mehrzahl der Bevölkerung Herr zu werden. Stattdessen nimmt der Geldreichtum bei Wenigen stetig zu, wohingegen der Wohlstand breiter Bevölkerungsschichten schwindet. Darin sieht er einen Gegensatz, den es aufzulösen gilt und dies ist ein wesentlicher Aspekt in dem von ihm konstatierten „Ökonomischen Paradox"! Als Kardinalproblem identifizierte er die mangelhafte Funktionsweise des Geld- und Währungssystems. Die bestehenden institutionellen und rechtlichen Regelungen des Finanzsystems vereiteln aus seiner Sicht die notwendigen Maßnahmen zur Beseitigung der augenfälligen ökonomischen Mangelsituationen in großen Teilen der Bevölkerung.

Sein Sinneswandel hatte auch durchaus etwas mit den schrecklichen Ereignissen des Ersten Weltkrieges zu tun. Obwohl er und seine Familie nicht direkt davon betroffen waren, bewogen ihn diese Erlebnisse dennoch, sich in seiner ihm eigenen wissenschaftlichen Denkweise mit den politischen und wirtschaftlichen Ursachen, den Zusammenhängen und Auswirkungen zu befassen. Soddy sah sich als Wissenschaftler mit einer als idealistisch zu bezeichnender Einstellung, die durch diverse Äußerungen wie auch Aktivitäten belegt ist. Als Wissenschaftler erwartete er einen vorausschauenden und sozial verantwortungsvollen Umgang mit den Ergebnissen seiner Arbeit und in gleicher Weise sah er seine eigene Verantwortlichkeit als Bürger in Bezug auf die Fragen und Problemstellungen des gesellschaftlichen Zusammenlebens. Ein Beleg für Soddys Bemühen um Transparenz und Aufrichtigkeit in öffentlichen Angelegenheiten ist sein Leserbrief an die angesehene Fachzeitschrift NATURE im Jahr 1920. Sein Name wurde damals auf eine Liste prominenter Wissenschaftler gesetzt, die sich als Forschungskomitee zur chemischen Kriegsführung zusammenfinden sollten. Dagegen erhob er öffentlich Widerspruch und lehnt seine Nominierung ab.[8]

Auch in einem weiteren Zitat wird diese Haltung deutlich: Im zweiten Vortrag seiner Vorlesung CARTESIAN ECONOMICS gibt er zu der Frage, ob es sich bei der Ökonomik um eine Wissenschaft handelt, zu bedenken:

„(...) *die Volkswirtschaftslehre muss noch die Emanzipation erreichen, die zu Huxleys Zeiten die biologischen Wissenschaften erreicht haben* (...) *weil die Anwendung allgemeiner naturwissenschaftlicher Prinzipien auf die Beschreibung der Lebenswirklichkeiten in all ihren Facetten ein so kraftvolles Korrektiv gegenüber der Scheinwelt ökonomischer Gesellschaftssysteme darstellt.*“[9]

Bei aller vorausschauenden, verantwortlichen Haltung zu den wissenschaftlichen Neuerungen ist ein weiteres Persönlichkeitsmerkmal der immer wieder von ihm zum Ausdruck gebrachte Optimismus in Bezug auf die Möglichkeiten, mit Hilfe von Wissenschaft und Technik die drängenden Probleme der Menschheit zu lösen. Aus seiner Sicht gehörte die *Malthusianische Frage* vorrangig dazu, also die zu Anfang des 19. Jahrhunderts von dem englischen Ökonomen Malthus[10] aufgestellte These, nach der sich die Zunahme der Bevölkerung überproportional im Verhältnis zum Wachstum der Nahrungsmittelproduktion entwickeln würde – was erneute Armut zur Folge hätte. Die daraus entstehenden Probleme sah Soddy als lösbar an. Sein Optimismus gründete sich darauf, mit Hilfe der Atomspaltung zukünftig über genügend Energie zu verfügen, um die steigende Bevölkerungszahl ausreichend versorgen zu können. Dabei scheint er seinen Mitmenschen genau denselben Optimismus und dasselbe leichtgängige Problemverständnis sowie die erforderliche Lösungskompetenz zu unterstellen, indem er schreibt:

---

[8] Vgl. den Leserbrief in NATURE, No 2662 Vol. 106, November 4, 1920, S. 310: Chemical Warfare, The Universities and Scientific Workers.

[9] Vgl. S. 31 in FREDERICK SODDY (2021) a.a.O.

[10] Thomas Malthus (1766–1834) war der Inhaber des ersten Lehrstuhls für politische Ökonomie in England, welcher 1805 in Hertford am East India Company College begründet wurde.

„Wenn die in den vorangegangenen Kapiteln dargelegten Grundsätze richtig verstanden würden, dürfte ihre tatsächliche Anwendung auf die bestehenden Verhältnisse in der Welt für kompetente Gesetzgeber und Verwaltungsbeamte keine schwierige Aufgabe darstellen."[11]

Mit der Realisierung seiner von ihm vorgeschlagenen Reformen sowie der Durchführung seiner unterbreiteten Maßnahmen im staatlichen Finanzwesen verspricht Soddy sogar:

„Das Prinzip von Malthus ist damit aufgehoben."[12]

Dies ist vermutlich sogar als eines seiner wichtigsten Motive zu verstehen, sich neben seiner rein naturwissenschaftlichen Arbeit so intensiv mit genau diesen sozialökonomischen Problemstellungen und deren Lösungsoptionen zu beschäftigen. Seine schon früh geknüpften, beruflichen Verbindungen nach Übersee und sein Faible für eine breite wissenschaftliche Lektüre kommen ihm bei der Arbeit an diesen Fragestellungen entgegen.

Internationale Makroökonomie

Soddy beschreibt in den einleitenden Kapiteln sehr ausführlich die spezifische wirtschaftliche und finanzielle Situation, in der sich sein Heimatland Großbritannien in der Zeitspanne nach dem Ende des 1. Weltkrieges bis in die Mitte der 30er Jahre befand. Diese können jedoch nicht unabhängig von den damaligen internationalen wirtschaftlichen Entwicklungen – um nicht zu sagen Umwälzungen – gesehen werden. Genau dieses Land gehörte nämlich, gemeinsam mit Amerika und Frankreich, in dieser Zeit zu den am stärksten in den internationalen Handel eingebunden Ländern und war geradezu führend darin. Bedingt dadurch spielte auch seine nationale Währung, das Pfund, auf internationaler Ebene eine herausragende Rolle, neben dem Gold! Die daraus resultierenden Abläufe, welche mit der Finanzierung von Export- und Import zusammenhingen, der gleichzeitige Aufstieg der amerikanischen Währung neben dem britischen Pfund zu einer „Ankerwährung", sowie die nachlassende

---

[11] Vgl. S. 109 in Soddy, F. MAMMON UND DIE MENSCHHEIT. Roßdorf: Isotope Media, 2022. Kap. VIII – Praktische Maßnahmen.

[12] Ebenda S. 127

Bedeutung von Gold als „Reservewährung" hatten erheblichen Einfluss auf die von Soddy in diesem Buch geschilderten Erscheinungen im Finanzwesen und im wirtschaftlichen Geschehen. Daneben sollte nicht unerwähnt bleiben, dass Großbritannien ebenso wie Amerika während der Zeit des Krieges von 1914 bis 1918 gleichzeitig über eine goldgedeckte und eine ungedeckte Papierwährung verfügte![13]

Es geht also um die Frage, was überhaupt als „Geld" bezeichnet werden kann und danach um seine spezifische Aufgabe, die es zu erfüllen hat. Darüber hinaus musste durch die internationalen Verflechtungen immer mehr in den Fokus genommen werden, womit die Staaten ihren Handel nicht nur nach innen stabil gestalten würden, sondern auch nach außen hin ausgeglichen bilanzieren könnten. Soddy geht auf eben diese Eigenschaften des Geldes ein, die ein Staat sowohl im Innern als auch nach außen hin benötigt, um den Wirtschaftsbetrieb ungestört zu fördern. Sehr kritisch wird dabei gesehen, dass Geld als Kredit geschaffen wird und nach den falschen Kriterien wieder eingezogen wird – vornehmlich um daran zu verdienen! Problematisch ist hierbei aus seiner Sicht auch eine veraltete Sichtweise auf das Geld von Seiten der Wirtschaftswissenschaften.

Wie erwähnt, entstanden im Laufe der Geschichte eine Vielfalt mehr oder minder gelungener Versuche „Das Wesen des Geldes" zu erfassen und zu bestimmen. Die Zeitepoche, in der Soddy seinerseits einen Anlauf wagte, war besonders prädestiniert zu tieferschürfenden Gedanken über die Bedeutung und den Zweck des Geldes für zukünftige gesellschaftliche, politische und wirtschaftliche Entwicklungen. Dazu gehörte, wie Luzzetti schreibt, in erster Linie die viele Staaten erfassende Great Depression:

> „(...) *eine katastrophale Phase, in der die damalige Wirtschaftstheorie wenig hilfreich zu sein schien und in der neue Ideen gefragt waren, die zur Wiederherstellung des Wohlstands beitragen könnten.*"[14]

---

[13] Marcuzzo, M. C. MONETARY STANDARDS AND EXCHANGE RATES. Routledge, 1997. Introduction, S. 1 f.

[14] Luzzetti, M. N. & Ohanian, L. E. THE GENERAL THEORY OF EMPLOYMENT, INTEREST AND MONEY AFTER 75 YEARS. Working Paper 16631. December 2010. S. 6: http://www.nber.org/papers/w16631 (letzter Abruf 30.04.22).

Angesichts der realen Erfahrungen der Nationen mit Inflation und Deflation in jenen Zeiten der Weltwirtschaftskrise ist es nicht verwunderlich, dass sich viele besorgte Zeitgenossen damals die bange Frage stellten: Wer und was verleiht dem Geld seine Werthaltigkeit und seine Wertbeständigkeit? Nicht zuletzt geht auch die Entstehung des von J. M. Keynes verfassten Werkes THE GENERAL THEORY OF EMPLOYMENT auf diese Ereignisse zurück:

> *„Das Jahrzehnt nach dem Ausbruch der Weltwirtschaftskrise war eine Zeit großer intellektueller Aufbrüche in der Wirtschaftswissenschaft, als die führenden Denker dieser Zeit versuchten, die offensichtlichen Fehler des bestehenden Wirtschaftssystems zu verstehen."*[15]

Soddy hatte sich seit CARTESIAN ECONOMICS (1921) in diesen Diskurs eingebracht und formulierte ein Jahrzehnt später seinen Anspruch als Naturwissenschaftler:

> *„Die moderne Wissenschaft kann Rätsel ungeheuren Ausmaßes entwirren, weit verworrener und besser verborgen, als die des Geldsystems es sind."*[16]

Darauf zielt auch ein Großteil der von Soddy, mitunter in ätzend wirkender Weise, vorgebrachten Kritik an den beschriebenen Praktiken im englischen Geld-. Kredit- und Finanzwesen ab. Dabei handelt es sich um das Zusammenspiel zwischen den rechtlich institutionalisierten Strukturen dieses Systems, die Rolle des Bankensektors und seiner Befugnisse, das Verhalten der darin verantwortlichen Akteure und die Qualität der darüber wachenden Aufsichtsorgane. Geld ist letztlich Vertrauenssache. Wird das darin liegende potentielle „Vertrauenskapital" durch die Entscheidungen und Handlungen der politisch und rechtlich verantwortlichen Personen verletzt oder unterminiert, verlieren auch die besten institutionellen Regelungen ihre Wirksamkeit und Glaubwürdigkeit.

---

[15] IMF Working Paper Research Department. THE CHICAGO PLAN REVISITED. Prepared by J. Benes and M. Kumhof. August 2012. S. 4: https://www.imf.org/external/pubs/ft/wp/2012/wp12202.pdf (letzter Abruf 30.04.22).

[16] Vgl. S. 14 (Foreword to the American Nation) in Soddy, F. WEALTH, VIRTUAL WEALTH AND DEBT. 2nd ed. Britons Publishing Company, 1933.

Geldpolitik

Wie bereits erwähnt, ist für die Funktionsweise eines Geld- und Finanzsystems das institutionelle Fundament und Gerüst seiner Regeln und deren, hoffentlich, vertrauensbildend wirkender Anwendung von ausschlaggebender Bedeutung. Um zentrale Dimensionen des Geld- und Finanzsystems und seiner Entwicklung zu erfassen, ist es hilfreich, einen Blick in die historische Entwicklung dieses wichtigen Teils des sozial-ökonomischen Gebildes zu werfen. Die gesamte Geschichte der menschlichen Zivilisation ist von wiederkehrenden wirtschaftlichen Zusammenbrüchen und Krisenzeiten in der Entwicklung des Währungssystems durchzogen – mit begleitend dazu eingetretenen bzw. aktiv durchgeführten Ab- und Aufwertungen der beteiligten Währungen.

Gut nachzulesen ist dies u. a. in dem Buch MONEY AND MAN - A SURVEY OF MONETARY EXPERIENCE des Amerikaners Groseclose[17]. Zwar *nur* aus amerikanischer Sicht, doch das 20. Jahrhundert und auch (noch) das begonnene 21. Jh. sind nun einmal in hohem Maße beeinflusst – um nicht zu sagen *geprägt* – vom Einfluss des amerikanischen Dollars! In diesem Buch finden sich viele Hinweise, wie es zu den häufigen Währungskrisen kommen konnte und wie sie bisher immer wieder bewältigt wurden!

Es empfiehlt sich dazu ein folgenreiches und wichtiges, letztlich großen Einfluss ausübendes Ereignis zu wählen. Dafür eignet sich in besonderer Weise eine Entscheidung des amerikanischen Kongresses im Jahre 1913: Die Verabschiedung des Federal Reserve Act. Dieser institutionelle switch kann in seiner vielfältigen Bedeutung und seinen wirtschaftlichen und auch politischen Folgen nicht hoch genug eingeschätzt werden. Groseclose beschreibt es folgendermaßen:

> *„Man erinnerte sich daran, dass die Verfassung dem Kongress die Befugnis gab, Münzen zu prägen und den Wert des Geldes zu regulieren. Es war ein leichter Schritt, die Einschränkung der Worte ‚zu prägen' zu vergessen und die*

[17] Groseclose, E. MONEY AND MAN. A SURVEY OF MONETARY EXPERIENCE, Fourth edition. First Edition 1934 under the title MONEY: THE HUMAN CONFLICT. University of Oklahoma Press.

Formulierung ‚zu regulieren' auszuweiten. Die Regierung, so wurde argumentiert, habe die Verantwortung, die in Bankeinlagen enthaltene Geldschöpfungskraft zu regulieren. Im Jahr 1913 verabschiedete der Kongress den Federal Reserve Act. Damit erhielt ein unabhängiges Unternehmen die Befugnis, die Einlagenkonten der Mitgliedsbanken zu verwalten. Es war eine Autorität mit einem enormen schlummernden Potenzial. Allmählich wurde ihre Tätigkeit immer weiter ausgedehnt und damit auch ihre Kontrolle über die Wirtschaft, d. h. über die Wirtschaftstätigkeit der Gesellschaft. (...) Mit dieser Ausweitung der staatlichen Autorität über die Wirtschaft durch die Regulierung der durch Bankeinlagen repräsentierten Kaufkraft ging eine veränderte Einstellung der Führungskräfte des Federal Reserve Systems zu dessen Aufgaben einher. Die Federal Reserve war nicht mehr die Behörde des Kongresses, die den Wert der Münzen – oder sogar die offizielle Kaufkraft – regulierte, sondern sie übernahm nun die direkte Regulierung der Wirtschaft."[18]

Der berühmte Ökonom und Nobelpreisträger Milton Friedman (1912–2006) erklärte in seiner Geldgeschichte der Vereinigten Staaten[19] die FED zum Hauptschuldigen an der Weltwirtschaftskrise. Friedman befürwortete in der Tat die Grundsätze des Chicago-Plans aus den 1930er Jahren, der das fraktionierte Mindestreserve-Bankwesen und damit die private Geldschöpfung beendet hätte. Er hätte die Banken gezwungen, ihre Einlagen zu 100% mit Reserven zu unterlegen, und stattdessen die Befugnis zur Geldschöpfung ausschließlich in die Hände der US-Regierung gelegt.

Der Chicago Plan lebt

Die ökonomische Fakultät der University of Chicago wurde 1892 mit der Ernennung von J. Laurence Laughlin zum Lehrstuhlinhaber gegründet. Als kompromissloser Verfechter des Laissez-faire und des Freihandels gab Laughlin den Ton für einen Großteil der Fakultät in den nächsten hundert Jahren an.

---

[18] Ebenda.

[19] Friedman, M. A. Monetary History of the United States, 1867-1960. Princeton University Press, 1963.

In der Zwischenkriegszeit wurde der marktorientierte Ansatz mit den Schriften von führenden Wissenschaftlern wie Frank H. Knight, Jacob Viner und Henry Simons fortgesetzt. Auch wenn man nicht behaupten kann, dass sie so entschieden für die freie Marktwirtschaft eintraten wie Laughlin oder viele der Chicagoer Wirtschaftswissenschaftler, die ihnen folgten, so betonten sie doch nachdrücklich die Überlegenheit von Wettbewerbsmärkten und des Preissystems sowie die Probleme, die sich aus einer eingreifenden und diskretionären Regierungsgewalt ergeben.[20]

Ein immer wieder und inzwischen wieder häufiger erwähnter Beitrag in diesen Diskussionen und Vorschlägen betrifft den sogenannten Chicago Plan:

> *„In dieser Zeit unterstützte eine große Zahl führender US-amerikanischer Makroökonomen einen tiefgreifenden Vorschlag zu einer Währungsreform, der später als Chicago-Plan bekannt wurde, nach seinem stärksten Befürworter, Professor Henry Simons von der University of Chicago.“*[21]

Eine erste Version dieses weitgehenden und umfassenden Reformvorschlags für das Geld- und Währungssystem Amerikas wurde im März 1933 Präsident Roosevelt unterbreitet. Neben Simons finden sich noch viele weitere namhafte Wissenschaftler und Politiker im Kreis der bekannten Unterstützer dieses Vorschlags, wie z. B. Irving Fisher von der Yale University oder Frank Knight von der Chicago University. Auch Frederick Soddy kann inzwischen durchaus als anerkannter Urheber des Chicago Plans angesehen werden:

> *„Der Chicago-Plan bietet einen Überblick über den Übergang von einem System des privat emittierten Schuldgeldes zu einem System des staatlich emittierten schuldenfreien Geldes* (...). *Er wurde erstmals im Vereinigten Königreich von Frederick Soddy, dem Nobelpreisträger für Chemie von 1921* (...) *formuliert. Professor Frank Knight von der University of Chicago griff die Idee umgehend auf* (...)."[22]

---

[20] Richard M. Ebeling: https://fee.org/articles/milton-friedman-and-the-chicago-school-of-economics/ (letzter Abruf 30.04.22)

[21] Ebenda.

[22] Vgl. IMF Working Paper (2012) a.a.O. S. 4

Ihre Untersuchungsergebnisse mit Hilfe eines state-of-the-art DSGE-Modells[23] bestätigen die von Irving Fisher damals behaupteten Vorteile eines monetären Systems, in dem die Geldschöpfung nicht von den Banken, sondern vom Staat durchgeführt wird. Wie Ergebnisse der angeführten Untersuchungen durch die Ökonomen des IMF zeigen, hätte ein den Vorstellungen Soddys entsprechendes Geld- und Währungssystem an vielen Punkten bedeutend bessere Ergebnisse für die wirtschaftliche Entwicklung und das wirtschaftliche Wohlergehen der Bevölkerung bringen können!

Der Wirtschaftskreislauf – Das Soddy-Modell

Bei dem Begriff „Geld" handelt es sich um ein Objekt aus der ökonomischen Wissenschaftsdomäne. In seinen maßgeblichen Funktionen als Rechenmittel, Tausch- und Wertaufbewahrungsmittel spielt es die wichtigste Rolle in den Vorgängen von *Produktion* und *Konsum*. Geld, in welcher Ausprägung auch immer, vermittelt in einer komplexen, arbeitsteiligen Gesellschaft zwischen diesen beiden wirtschaftlichen Sphären und bestimmt dadurch letztlich den Gang der ökonomischen Entwicklung – in unserem heutigen dominierenden Verständnis von Ökonomie.

In der Ökonomik besteht seit langer Zeit eine gedankliche Vorstellung über die Geld-Güter-Zusammenhänge und den Ablauf des Wirtschaftsgeschehens in Form eines gegenläufigen „Kreislaufs" von Geld und Waren. Der französische Arzt François Quesnay (1694–1774) entwickelte ein bis heute in der gängigen Wirtschaftstheorie verwendetes Kreismodell zur Veranschaulichung makroökonomischer Zusammenhänge. Die Neuerung von Quesnay bestand darin, alle Ausgaben in diesem System wiederum als Einnahmen an anderer Stelle zu erkennen und somit den Kreislauf als wesentliches Merkmal des Wirtschaftslebens zu erkennen. Es ist nicht verwunderlich, dass Quesnay als Arzt ein starker Kritiker der damals viel praktizierten „Heilmethode" des

[23] Dynamic Stochastic General Equilibrium Modeling: Eine makroökonomische Methode, die häufig von Währungs- und Finanzbehörden zur politischen Analyse, zur Erklärung historischer Zeitreihendaten und für Zukunftsprognosen eingesetzt wird.

Aderlasses war. So sieht auch Soddy in der Geldschöpfung auf Kredit und dem „Aderlass" von Tilgung und Zins ein zentrales Übel in der Geldwirtschaft. Soddy geht aber in seiner Kritik weiter – doch zunächst nochmals folgende Betrachtung des klassischen Kreislaufmodells: Die Wirtschaft wird hierbei in zwei Sphären geteilt, die als konsumierende Haushalte und als produzierende Firmen erscheinen. Dieses Gebilde ist in seiner einfachen Form einem mechanischen Uhrwerk nachempfunden und spiegelt weder im Einzelnen den Ablauf und die Eigenheiten der Produktionsprozesse wider, noch berücksichtigt es die für den Ablauf der einzelnen Prozessschritte erforderliche Zeit! Aus naturwissenschaftlicher Sicht handelt es sich, da auch die Frage der Energiezufuhr nicht abgebildet wird, um ein Perpetuum mobile in seiner reinsten mechanistischen Abstraktion der Gedankenwelt des 18. Jahrhunderts.

Darin unterscheidet sich Soddys Modell, das grafisch dem vorliegenden Werk vorangestellt wurde (s. S. 8). Auch er geht von einem kreislaufmäßigen Zusammenhang zwischen der Konsum- (links) und Produktionssphäre (rechts) aus, die über eine Geldkreislauf (umlaufender Innenkreis „Money") miteinander verknüpft sind. Die beiden Punkte A und B bezeichnen jeweils den Übertritt des Geldes aus der einen in die andere Sphäre. In der Mitte findet sich nun jedoch eine Gerade, die als „Investition" bezeichnet wird. Diese Neuerung beinhaltet also eine zeitliche wie auch energetische Dimension, mit der auf die Entropie im Wirtschaftsleben hingewiesen wird. Streng genommen, müsste auch von außen dem Kreislauf ein energetischer Zufluss hinzugestellt werden, denn die energetischen Vorgänge können sich nicht aus sich selbst erhalten, sie müssen von der Sonne oder etwa fossilen Energiequellen erhalten werden.

Soddy weist in seiner Arbeit ausdrücklich auf den dynamischen Charakter seines Modells hin, er berücksichtigt damit das Zeitelement wie auch die Frage der Energiezufuhr. Ausgehend von dem Gedanken Ruskins, welcher ebenfalls dem Werk vorangestellt wird, betont Soddy nun, dass Geld wie auch Waren die Qualität einer Flussgröße haben, nicht einer Bestandsgröße. Dadurch, dass die Güter für den Konsum produziert werden, nicht für den Profit, müsse auch das Geld für den Konsum – und nicht nur zu seiner eigenen Vermehrung – bereitgestellt werden.

Konsum und Investition sind aber entropische Vorgänge, also solche, die nach stetiger Energiezufuhr verlangen und nicht als einfaches Kreislaufmodell gedacht werden können. Damit weist er auch auf den häufig technisch und ökonomisch notwendigen zweistufigen Prozess in der Herstellung der Produktionsmittel als Voraussetzung zur weiteren Produktion von Konsumgütern hin, der mit einem erheblichen Zeitaufwand verbunden ist! Die Dimension der Zeit wie auch die Berücksichtigung der Energiezufuhr sind also wesentliche Neuerungen in diesem Modell, die als neuartiger Beitrag Soddys angesehen werden können.

Somit mündet diese Erkenntnis Soddys heute darin, dass der Preis einer Ware direkt oder indirekt die in ihre Produktion investierte Energie widerspiegelt und Cimbleris formuliert daraus eine lehrreiche Erkenntnis:

> *„Eine einfache Definition von Energie ist ‚die Fähigkeit, Arbeit zu verrichten'. Eine einfache Definition von Geld ist ‚die Fähigkeit, andere Menschen arbeiten zu lassen'."*[24]

Energie und das Entropiegesetz

Es sei einmal an dieser Stelle daran erinnert: Wirtschaftliche Transaktionen spielen sich weder im luftleeren Raum, noch in Gestalt eines „Perpetuum Mobile"[25] ab – obwohl es einem inzwischen manchmal so scheinen mag! Sie basieren auf den elementaren Grundlagen jeder irdischen und damit auch jeder menschlichen Existenz: Den bio-physikalischen Bedingungen des Planeten Erde!

---

[24] Vgl. bei Borisas Cimbleris: Economy AND THERMODYNAMICS. http://ecen.com/eee9/ecoterme.htm (letzter Abruf 30.04.22)

[25] Der Begriff bedeutet wörtlich ein „sich ewig Bewegendes" in der schon sehr alten Idee einer Maschine, die Energie freisetzt, ohne dass ihr Energie zugeführt werden muss. Soddy kritisiert, dass man sich die Wirtschaft als ein Perpetuum mobile vorstelle, welches scheinbar grenzenlosen Reichtum schaffen könne. Genau jener Einwand wird auch von Soddys Nachfolgern vorgebracht, den Vertreter der ökologischen Ökonomie.

In ihrem Bestreben, einen Stand an Wissenschaftlichkeit zu erlangen, wie es den Naturwissenschaften im Laufe des 18. und 19. Jahrhunderts gelungen war, orientierten sich die Verfasser ökonomischer Schriften im Laufe des späten 19. und beginnenden 20. Jh. an den grundlegenden paradigmatischen Konzepten dieser Wissenschaften. Die rein beschreibende oder historisch betrachtende Behandlung des Wirtschaftsgeschehens sollte zu Gunsten einer explikativen, erklärenden Vorgehensweise überwunden werden. Dazu bedurfte es des Griffs nach neuen Methoden sowie der Übernahme von Erkenntnissen aus diversen, sich rapide entwickelnden Wissenszweigen. Eine dieser Bemühungen bestand darin, mathematisches Wissen und Methoden zur Beschreibung und Darstellung wirtschaftlichen Verhaltens der Individuen einzusetzen.

Das Konzept von „Energie" scheint allerdings bis heute unzureichend im allgemeinen Verständnis verankert, um vollständig verstanden worden zu sein und hat damit bisher noch nicht den angemessenen Platz im Weltbild der Menschheit erhalten und scheint ihn auch noch nicht in den Theoriegebäuden der Ökonomik gefunden zu haben. Nicht zu vergessen, was bereits 1885 der Bonner Physikprofessor Rudolf Clausius als „weise Oekonomik" bezeichnet hat! In seinem Werk ÜBER DIE ENERGIEVORRÄTE DER NATUR UND IHRE VERWERTUNG ZUM NUTZEN DER MENSCHHEIT schreibt er:

> *„Während das letztverflossene Jahrhundert sich dadurch ausgezeichnet hat, dass durch Erfindung oder Vervollkommnung von Maschinen-, unter denen die Dampfmaschine oben ansteht, die Kraftquellen der Natur in einer früher nie geahnten Weise dem Menschen dienstbar gemacht sind, werden die folgenden Jahrhunderte die Aufgabe haben, in dem Verbrauch dessen, was uns an Kraftquellen in der Natur geboten ist, eine weise Oekonomie einzuführen, und besonders dasjenige, was wir als Hinterlassenschaft früherer Zeitepochen im Erdboden vorfinden, und was durch nichts wieder ersetzt werden kann, nicht verschwenderisch zu verschleudern. Je*

eher hierin eine Wendung eintritt, desto besser wird es für die Zukunft sein.“[26]

Mirowski hat diese Situation bereits vor geraumer Zeit folgendermaßen beschrieben:

„Die neoklassische Wirtschaftswissenschaft nutzte die Wechselwirkungen zwischen physikalischem Körper, Bewegung und Wert geschickt aus, indem sie sich auf einen schamlosen Raubzug einließ. Die Marginalisten eigneten sich die mathematischen Formalismen der Energiephysik des mittleren 19. Jahrhunderts an, die wir der Einfachheit halber als "Proto-Energetik" bezeichnen, machten sie sich zu eigen, indem sie die Bezeichnungen der Variablen änderten, und verkündeten dann den Triumph einer wahrhaft wissenschaftlichen Ökonomie. Der Nutzen wurde zum Analogon der potenziellen Energie; die Budgetbeschränkung wurde zum leicht abgewandelten Analogon der kinetischen Energie; schließlich marschierten die marginalistischen Revolutionäre los, um den Kampf mit den klassizistischen, historizistischen und marxistischen Ökonomen aufzunehmen. Leider hatte man dabei ein kleines Versäumnis begangen: Die Neoklassiker hatten es versäumt, sich den wichtigsten Teil des Formalismus anzueignen, um nicht zu sagen das Herzstück der Metapher, nämlich die Energieerhaltung. (...) Dieser kleine Schnitzer machte die neoklassische Heuristik im Grunde inkohärent; aber ungeachtet dieser Tatsache triumphierten die Marginalisten unter ihrem Banner der Wissenschaftlichkeit. Die modernen neoklassischen Ökonomen, die die Erhaltungsprinzipien nie wirklich verstanden hatten, tappen weiterhin im Dunkeln und klammern sich an ihre ursprüngliche Metapher der Proto-Energetik.“[27]

Soddy hatte diesen Sachverhalt wiederum sechs (!) Jahrzehnte früher identifiziert und Lösungen vorgeschlagen! Die Welt folgte

---

[26] Vgl. S. 24–25 in Clausius, R. Über die Energievorräthe der Natur und ihre Verwerthung zum Nutzen der Menschheit. Bonn: Cohen, 1885. verfügbar unter https://digital.deutsches-museum.de/de/digital-catalogue/library-object/BV013976266/ (letzter Abruf 30.04.22)

[27] Mirowski, Ph. More heat than light, Economics as Social Physics: Physics as Natures Economics. Cambridge University Press, 1989. S. 9 f (Übersetzung des Autors)

allerdings nicht seinen Hinweisen. Sie glaubte den Rezepturen eines gewissen Prof. John Maynard Keynes und hoffte, leichtfertigerweise, sich damit von selbstverschuldeten Übeln kurieren zu können. Soddy schreibt 1920 über Energie und Vermögen:

> *„Energie, so mag mancher sagen, sei eine bloße Abstraktion, ein bloßer Begriff, keine reale Sache. Wie auch immer. In dieser Hinsicht, wie auch in vielen anderen, ist sie wie eine Abstraktion, der niemand die Realität absprechen würde, und diese Abstraktion ist der Vermögensbegriff. Vermögen (wealth) ist die Kaufkraft, so wie Energie die Arbeitskraft darstellt. Ich kann Ihnen die Energie nicht zeigen, nur ihre Auswirkungen. Ich kann Ihnen Vermögen nicht zeigen, nur seine Auswirkungen und sein rein auf Konventionen beruhendes Symbol: Das Geld. Geld ist kein Vermögen für einen hungernden Menschen an einem verlassenen Ort. (...) Abstraktion hin oder her, Energie ist genauso real wie Vermögen – ich bin mir nicht sicher, ob es sich nicht vielmehr um zwei Aspekte derselben Sache handelt. Das eine treibt die menschliche Tätigkeit in Handel und Produktion an, das andere bewegt die Körper des gesamten Universums.“*[28]

Soddy betrachtet Geld also in einer gänzlich anderen Weise. Für ihn stellt sich früh dar, dass ohne die naturwissenschaftlich korrekte Auffassung von Vermögen und Geld zwar eine ökonomische Theorie aber keine Wissenschaft etabliert werden kann. Mit seinem Versuch „das Wesen des Geldes zu erhellen“ steht Soddy beileibe nicht allein. Der von ihm gewählte Ansatz, naturwissenschaftliche Gesetzmäßigkeiten – die Gültigkeit des ersten Hauptsatzes der Thermodynamik sowie das Entropiegesetz – den zweiten Hauptsatz der Thermodynamik – auf das Geldsystem anzuwenden, hat jedoch schon etwas fast Genialisches an sich. Soddy verfügt damit nahezu über ein Alleinstellungsmerkmal! Seine Berufung auf die Anwendung der *„grundlegenden Konzepte und Denkweisen, die im neunzehnten Jahrhundert zu jener großen Aufklärung in den Naturwissenschaften führten, durch welche die Ingenieure in die Lage versetzt wurden, die*

---

[28] Vgl. S. 27–28 in Soddy, F. SCIENCE AND LIFE: ABERDEEN ADDRESSES. London: J. Murray, 1920.

Produktionsprobleme in jeder Hinsicht zu lösen“[29] auf das Geldwesen, ist schlicht exzeptionell.

Zum näheren Verständnis dieser Vorgehensweise sind freilich etwas ausführlichere Erläuterungen erforderlich. Den Ausgangspunk für diese Überlegungen stellt Soddys „Energie-Theorie des Vermögens“[30] dar. Die Annahme Soddys, Kapital als „bereits verbrauchtes Vermögen“[31] zu definieren, ist der zweite, wichtige und unabdingbare Aspekt zum Verständnis. Wie kommt er dazu? Dies zu erkennen, bedarf es einer weiteren Bedingung, nämlich die uneingeschränkte Akzeptanz seiner Aussage:

> *„Die physikalischen Erhaltungssätze können auf den Vermögensbegriff angewandt werden.“*[32]

Zusammengenommen stellen diese drei Überlegungen nichts anderes dar, als die pure Provokation der herrschenden orthodoxen Auffassungen in der Ökonomik! Angefangen bei der letztgenannten Bedingung, fordern sie die heutigen ökonomischen Wissenschaften – schlicht gesagt – dazu auf, endlich den Stillstand in ihrer Entwicklung zu beenden. Denn:

> *„Keine exakte Wissenschaft kann vorankommen, bis sie in ihrem Bereich Erhaltungsgesetze etabliert.*[33]

Den Kunstgriff, den Soddy einsetzt und der vermutlich auch nur ihm möglich war, ist die Anwendung und die Übertragung des Entropiesatzes auf den wirtschaftlichen Begriff des „Vermögens“! Million beurteilt diesen Schritt 2006 so:

> *„Soddy legt den Energieerhaltungssatz seinem Vermögensbegriff zugrunde. Vermögen (wealth) muss – seiner Ansicht nach – in erster Linie als physikalische Kategorie verstanden werden und erst danach ergibt es einen Sinn, sich seinen ökonomischen Aspekten zuzuwenden. (...) Soddy bezeichnet Vermögen als ‚eine Form verkörperter brauchbarer Energie‘. Es muss sich also um brauchbare oder verfügbare Energie handeln. Hier kommen wir zum zweiten Hauptsatz der*

---

[29] Vgl. S. 35 in MAMMON (2022) a.a.O.

[30] Vgl. S. 6 *Energy Theory of Wealth* in ROLE OF MONEY (1934) a.a.O.

[31] Vgl. S. 26: *Capital as already consumed Wealth* in WEALTH (1933) a.a.O.

[32] Ebenda. Chapter Five, insb. Abschnitt *„The Physical Laws of Conservation can be applied to the Conception of Wealth.“*

[33] Ebenda.

Thermodynamik, dem Entropiegesetz. Nach dem Entropiegesetz muss (...) bei jeder Umwandlung von Energie in einen anderen Zustand ein bestimmter Preis bezahlt werden.' Dieser Preis besteht in einem Verlust an verfügbarer Energie, die in Zukunft für keine Art von Arbeit mehr genutzt werden kann. Diesen Vorgang bezeichnet man als Entropie, und zwar im Sinne einer Maßeinheit. (...) D. h. Entropie (...) ist jene Energiemenge, die nicht mehr in Arbeit umgewandelt werden kann."[34]

Der ganz besondere Fortschritt jedoch, der Soddy gelang, ist die Differenzierung des in der ökonomischen Theorie immer wieder höchst umstrittenen Begriffs von „Kapital"![35] Seine schlicht und gleichzeitig revolutionär anmutende Aussage *„Kapital ist bereits verbrauchtes Vermögen"* ist aus Sicht thermodynamischer Prinzipien logisch und zwingend. Für die Denk-, Sicht- und Sehweisen der Ökonomik, bis auf den heutigen Tag, allerdings nach wie vor systemsprengend! Neben der bisherigen, sozial motivierten Unterscheidung der Verwendung von Vermögen besteht eine physikalisch begründete Trennung von Vermögen, aufgrund der materiellen Eigenschaften, in konsumierbares und nicht konsumierbares Vermögen. In THE RÔLE OF MONEY macht uns Soddy mit den Grundlagen und den Zusammenhängen seiner Auffassung über den Charakter und die Funktionsweise des von ihm favorisierten Geldsystems bekannt:

„Die bestehende Verwirrung in den soziologisch geführten Kontroversen über ‚Kapitalismus', in Bezug auf die Bedeutung dessen, was unter dem Chamäleon-artigen Begriff ‚Kapital' einschließlich all seiner Ableitungen und abgeleiteten Bedeutungsinhalten in den soziologischen Kontroversen um den "Kapitalismus" zu verstehen ist, scheinen ihren Ursprung vor allem in der Vernachlässigung dieser grundlegenden Unterscheidung zu haben!"[36]

---

[34] Million, C. FREDERICK SODDY UND DIE PHYSIK DES SCHULDENMACHENS. in: Zeitschrift für Sozialökonomie 151/2006. S. 31–36

[35] Vgl. dazu z. B. die sog. „Cambridge-Kontroverse" https://blogs.faz.net/fazit/2021/06/27/der-chronist-der-kapitalkontroverse-12273/

[36] Vgl. S. 141–142 in ROLE OF MONEY (1934) a.a.O.

Seinem Verständnis nach ist es selbstredend, zwischen zwei sozial bedingten Motiven der Verwendung von Vermögen zu unterscheiden. Indem er auf Ruskin Bezug nimmt, spricht er von „*Consumption Absolute*", der den Teil des Vermögens betrifft, welches dem unmittelbaren Verbrauch (Konsum) dient. Die zweite Vermögenskategorie umfasst den Anteil, der zur Erzeugung neuen Vermögens zum zukünftigen Gebrauch und Konsum bestimmt ist. Dieser Teil muss durch Investition beständig erhalten und erneuert werden.

An dieser Stelle sei nochmals an das o. g. Kreislaufmodell erinnert, in dem wir nun drei Protagonisten erkennen: Geld, Güter und Gläubiger. Problematisch ist nun – um dies in Grundzügen zu skizzieren –, dass der Kreislauf des Geldes beständig über die Wirkungsweise von Zins und Tilgung entleert wird und wieder neu aufgesetzt werden muss. Um eine stabile Funktionsweise zu erreichen, entwickelt Soddy hierzu die Idee des „*Vermögens in den Rohren*", also einer Geldmenge, die untilgbar als Vermittler umlaufen kann. Die gängige Praxis, eine dafür erforderliche Geldmenge als Kredit über Banken zur Verfügung zu stellen, weist er zurück. Ebenso problematisch wie das drohende Versiegen des Geldkreislaufs ist die Entropie des Güterkreislaufs: In den ökonomischen Modellen ist er bis heute nicht repräsentiert, denn hinter diesen Begriffen steht die einfache Tatsache, dass wir quasi für die Müllhalden produzieren. Ein geschlossener Güterkreislauf, der seinem Namen gerecht wird, müsste eben dieses „Recycling" nicht nur denken und praktisch umsetzen können, sondern dies müsste sich auch in seiner Finanzierung widerspiegeln. Viele der Profite, die derzeit noch gemacht werden können, speisen sich aus eben dieser missbräuchlichen Verwendung des Geldes in unvollkommenen Kreisläufen und so kann es nun gegenüber dem dritten „G" (den Gläubigern), welche im Modell durch den geraden Pfeil der „Investition" repräsentiert werden, als Anspruch formuliert werden, dass ihre hierzu verfügbaren Vermögen (also Energiemengen) als „echte Kredite" im Sinne Soddys eingesetzt werden und auf der Basis nachhaltiger, also gerade nicht fossiler Energiequellen (!), zur Wirkung kommen.

Was wir letzten Endes als „System" vor uns haben, ist eine Profitmaschine, die auf der Basis der Ausbeutung von Natur und

Mensch funktioniert und dies über ein Geldsystem repräsentieren lässt. Deshalb ist es vermutlich auch so, dass sich die vom Autor geäußerte Hoffnung, *„das Geld seiner Macht des Bösen zu berauben"* bis heute nicht erfüllt hat ...

> *„Von dieser Binsenweisheit, dass es in einer Welt, die von physikalischen Gesetzen beherrscht wird, unmöglich ist, etwas für nichts zu bekommen, bildet das moderne Geld eine scheinbar herausragende Ausnahme. Dessen Aufklärung wirft eine wahre Flut von Licht auf das Wesen des Geldes und reicht aus, um es für immer seines geheimnisvollen Gewandes und – so hoffen wir – seiner Macht des Bösen zu berauben."*[37]

Es wäre weiterhin zu wünschen, dass sich diese Hoffnung in nicht allzu ferner Zukunft noch erfüllen möge!

[37] Ebenda. S. 35

Über die Autoren

Helmut Federmann ist Diplom Volkswirt. Nach dem Studium der VWL an den Universitäten Tübingen und Mannheim und einem Nachdiplomstudium in Finanzwissenschaften an der Uni Konstanz einige Zeit Assistententätigkeit für den Vorstand einer Versicherungsgesellschaft. Danach Referendariat und Prüfung für den höheren Verwaltungsdienst einer Bundesbehörde. Mehr als 25 Jahre Projektleitertätigkeiten in nationalen und internationalen IT-, Finanz-, und Organisationsprojekten der Telekommunikation sowie im Auswärtigen Amt. Seit mehreren Jahren Engagement als Referent und Autor für Fragen der Postwachstums-Ökonomie und gesellschaftspolitischer Gestaltung auf der Plattform *wachstumswende.de*. Mitglied im Forum Ökologisch-Soziale Marktwirtschaft (FÖS).

Philipp Kapp ist Arzt und Verlagsgründer. Studium an der HU Berlin und der Universität Heidelberg. Promotion 2004 bei Prof. Eckart, Heidelberg, über die Medizin im Ersten Weltkrieg. Zunächst Tätigkeit in einem Stuttgarter Medizinverlag, später Facharztausbildung in Innerer Medizin. Seit der Finanzkrise 2008/09 private Studien zum Finanz- und Gesellschaftssystem. Gründung des Verlages ISOTOPE Media 2020 zur Bearbeitung von Fragen gesellschaftlicher Erneuerung.

Weitere Übersetzungen zentraler Werke von Frederick Soddy sind in Vorbereitung:
Vermögen, virtuelles Vermögen und Verschuldung
Die Rolle des Geldes

Über Isotope Media

Dieses Buch stellt die zweite Publikation des Verlages zur Systemkritik Frederick Soddys dar. Hiermit soll ein gedanklicher „roter Faden“ wieder aufgegriffen werden, der einen Ausweg aus dem Labyrinth des Geldsystems bietet. So ist auch das Motiv der Ikarus-Anspielung auf dem Umschlag zu verstehen: Daedalus steht für den Verstand, der sich stets seine Probleme – wie auch die Lösung dazu – selbst schafft. An Ikarus aber wird nicht nur der Anspruch auf Verstand, sondern insbesondere auf Vernunft gelegt, um von allen denkbaren Lösungen diejenigen angemessen umzusetzen, die vernünftig erscheinen. Dass wir daran immer wieder scheitern, mag an der Neigung liegen, eine kollektive, statt vieler individueller Lösungen zu suchen. Die Isotope Philosophie begreift den Menschen als Individuum im Mittelpunkt seiner vergänglichen Welterfahrung. Dieser bildet sich seine persönliche ›Isotopie‹ – im Gegensatz zu kollektiven Konzepten von ›Utopie‹ und ›Dystopie‹.

Der Verleger